HOHOHO !

800 blagues de TOTO

HAHAHA !

HIHIHI !

2019

DEUX COQS D'OR

Directrice : Sarah Kœgler-Jacquet
Directrice de projets : Sandra Berthe
Éditrice : Elsa Hug, assistée de Marie Rodriguez
Graphiste : Fanny Boiron

Textes : Virgile Turier et Pascal Naud
Illustrations : Gyom, Célia Nilès, Romain Guyard, Patrick Chenot, Pierre Fouillet et Matthieu Roda
Illustrations BD Toto : Pierre Fouillet
Correction : Agnès Duhamel
Maquette : Céline Trouvé
Suivi éditorial : Mathilde Ricciardelli

LA CHARADE DE TOTO

Mon premier est la onzième lettre de l'alphabet.
Mon deuxième est la première note de musique d'une gamme.
Mon troisième est le contraire de sous.
Mon quatrième est indispensable pour se brancher à l'électricité.
Mon tout fait toujours plaisir.

Cadeau surprise (K-do-sur-prise).

LA DEVINETTE DE TOTO

Comment fait Toto pour descendre d'un arbre ?

Il se met sur une feuille et attend l'automne…

QUI SUIS-JE ?

Je ne marche pas, je ne vole pas, je ne nage pas, pourtant on ne peut me retenir plus de quelques minutes.
Qui suis-je ?

La respiration.

Toto dit à son camarade :
« J'aurais dû écouter ma mère avant de partir à l'école…
– Pourquoi ? Qu'est-ce qu'elle te disait ?
– Je ne sais pas. Je n'écoutais pas ! »

LE COMBLE DE TOTO

Quel est le comble pour un dragon ?

Déclarer sa flamme.

En passant devant un magasin de jouets, Toto demande à son papa :
« Est-ce que les papas ours offrent à leurs oursons des enfants en peluche ? »

hihihi!
hihihi!

Toto croise un avaleur de sabre dans une mercerie :
« Bonjour, je voudrais des aiguilles, s'il vous plaît.
– Bien sûr, que voulez-vous coudre ?
– Non, c'est pour faire un régime. »

LE COMBLE DE TOTO

Quel est le comble pour un percussionniste qui téléphone ?

Ne plus avoir de batterie.

QUI SUIS-JE ?

Elle n'a qu'une couleur, mais mille formes.
Collée au sol, elle s'envole.
Elle suit le soleil, mais s'évade
la nuit et jamais ne souffre d'être
piétinée. Qui est-ce ?

L'ombre.

LE MONSIEUR/MADAME DE TOTO

Monsieur et Madame ASSIN ont un fils, comment s'appelle-t-il ?

Marc (marcassin).

LA CHARADE DE TOTO

Mon premier est une céréale.
Mon deuxième donne le départ.
Mon troisième se boit au petit déjeuner.
Mon quatrième se fête le 26 septembre.
Mon cinquième est premier.
Mon sixième n'est pas moche.
Mon septième est bien appris.
Mon tout est une expression signifiant une franche rigolade.

Rigoler comme un bossu (riz-go-lait-Côme-un-beau-su).

C'est l'heure de manger, Toto se présente à la cantine :
« Chef, est-ce que vous servez les nouilles ?
– Bien sûr, Toto, ici, on sert tout le monde ! »

LA DEVINETTE DE TOTO

Quelle est l'île préférée des naufragés gourmands ?

L'île flottante !

LE MONSIEUR/MADAME DE TOTO

Monsieur et Madame AKPOURLUI ont un fils, comment s'appelle-t-il ?

Yann (y en a que pour lui).

« Papa, quand on sait où se trouve une chose, ça veut dire qu'elle n'est pas perdue ?
– Évidemment, Toto !
– Ouf, parce que je viens de laisser tomber ton portefeuille dans la rivière ! »

LA CHARADE DE TOTO

Mon premier est la dixième lettre de l'alphabet.
Mon deuxième est un animal des égouts.
Mon troisième brûle dans la cheminée.
Mon tout est un animal.

Girafe (J-rat-feu).

Toto joue au foot, et c'est lui le gardien de but. Un adversaire tire, et Toto laisse passer la balle sans même tenter de l'arrêter. Un de ses coéquipiers lui crie :
« Mais pourquoi tu n'as pas arrêté le ballon ?
– Oh, eh, du calme, il y a un filet, pour ça ! »

Toto demande à sa maman d'aller chez le médecin.
« Pourquoi ? lui demande sa maman.
– Parce que la maîtresse m'a dit de soigner mon écriture ! »

HAHAHA !

LA DEVINETTE DE TOTO

Que fait une fraise sur le dos d'un cheval ?

« Tagada, tagada, tagada... »

Toto a reçu en cadeau d'anniversaire un téléphone-jouet que sa maman utilise, le soir, pour lui dire :
« Allô Toto, il est l'heure d'aller te coucher.
– Je regrette, madame, répond Toto, mais vous avez fait un mauvais numéro. »

LA DEVINETTE DE TOTO

Pourquoi, quand Toto s'appuie contre un mur, le mur s'écroule ?

Car c'est toujours le plus intelligent qui cède !

LA CHARADE DE TOTO

Mon premier est un véhicule.
Mon second est un meuble sur lequel on mange.
Mon tout est un objet que tous les écoliers ont.

Cartable (car-table).

Toto entre dans une pharmacie, et tend une lettre au pharmacien : « Bonjour monsieur, pourriez-vous me lire cette lettre ? C'est mon grand frère qui me l'a écrite, mais je n'arrive pas à déchiffrer son écriture, il est médecin... »

« M'sieur l'entraîneur, m'sieur l'entraîneur, demande Toto. Je peux avoir un verre d'eau ?
- Et le mot magique, alors ?
- Abracadabra ! »

LE MONSIEUR/MADAME DE TOTO

Monsieur et Madame OUKOI ont deux fils, comment s'appellent-ils ?

Ted et Bill (t'es débile ou quoi).

HAHAHA !

LE COMBLE DE TOTO

Quel est le comble pour un chasseur ?

Chercher la petite bête.

LA CHARADE DE TOTO

Mon premier est une petite pièce de monnaie.
Mon second n'est pas beaucoup.
Oh, non, mamie a encore préparé mon tout pour le dîner !

Soupe (sou-peu).

Mais non, je suis un cygne !

Le vilain petit canard
(l'-œufs-vi-l'-un-p'-œufs-tea-canne-art).

« Regarde, maman, un mouche !
- C'est une mouche, mon chéri.
- Comment tu sais que c'est une femelle ? »

LE MONSIEUR/MADAME DE TOTO

Monsieur et Madame DERIRE ont un fils, comment s'appelle-t-il ?

Nestor (Ness s'tord de rire).

QUI SUIS-JE ?

Je peux être de mains, de porte ou de fenêtre. Appuie-toi sur moi et je t'ouvrirai le passage.
Qui suis-je ?

La poignée.

La maîtresse demande à Toto :
« À quel temps est conjuguée la phrase "je fais mes maths" ?
- Au temps perdu, madame ! »

LA DEVINETTE DE TOTO

Qu'est-ce qui peut être à la fois un pilote, un clown, une lune, un mandarin, ou un chat ?

Un poisson.

LA DEVINETTE DE TOTO

Comment appelle-t-on quelque chose de doublement bon ?

Un bonbon.

LE MONSIEUR/MADAME DE TOTO

Monsieur et Madame LUNETTESPOURMIEUXVOIR ont un fils, comment s'appelle-t-il ?

Amédée (mets des lunettes pour mieux voir).

La maîtresse s'adresse à Toto :
« Peux-tu me citer un mammifère qui n'a pas de dents ?
– Euh… ma grand-mère ? »

Toto discute avec sa copine Justine à la récré :
« Ce midi, j'ai entendu une tomate chanter !
– N'importe quoi !
– Et pourquoi pas ? On a bien vu des carottes rapper, hier à la cantine ! »

HAHAHA !

HAHAHA !

LE COMBLE DE TOTO

Quel est le comble pour un cow-boy ?

Se ranger en file indienne.

LA CHARADE DE TOTO

Mon premier est une boisson à prononcer à l'anglaise.
Mon deuxième est un rongeur.
Mon troisième est le contraire de « yes ».
Mon quatrième est un jardin plein d'animaux.
Mon cinquième est la dix-huitième lettre de l'alphabet.
Mon tout vivait à la Préhistoire.

Tyrannosaure (tea-rat-no-zoo-R).

LE MONSIEUR/MADAME DE TOTO

Monsieur et
Madame **BIOGRAPHIE** ont un fils,
comment s'appelle-t-il ?

Otto (autobiographie).

LA CHARADE DE TOTO

Mon premier est un grand
cri de victoire.
Mes seconds se portent
en hiver.
Mon tout est dévastateur.

Ouragan
(hourra-gants).

hihihi !

Toto et son meilleur copain se promènent en forêt. Toto ramasse une châtaigne : « Dingue ! Tu savais que les hérissons pondaient des œufs ? »

QUI SUIS-JE ?

Je ne cesse de réfléchir mais ne trouve jamais la réponse. Qui suis-je ?

Le miroir.

Toto demande au chauffeur de bus :
« Pourriez-vous rouler à 45 km/h pendant 3 km, puis à 60 pendant 2 km et me dire combien de temps on a mis, s'il vous plaît ?
C'est pour un devoir de maths. »

« Papa, qu'est-ce qui sucre le café, demande Toto, le sucre ou la cuillère ? »
Le père réfléchit un instant :
« C'est la cuillère !
– Mais alors, le sucre, ça sert à quoi ?
– À savoir si on a assez remué ! »

La maîtresse fait un cours sur la ponctuation. Tandis qu'elle parle des virgules et des points, Toto rêvasse.
« Toto, que met-on au bout d'une ligne ? lui demande la maîtresse.
– Un asticot, madame ! »

QUI SUIS-JE ?

J'ai des rivières sans eau,
des forêts sans arbres,
des montagnes sans pierres
et des villes sans personnes.
Qui suis-je ?

Une carte.

La maîtresse demande à Toto de conjuguer le verbe marcher au présent.
Toto lui répond lentement, en hésitant :
« Je marche... tu marches... il marche... nous... »
La maîtresse lui demande d'aller plus vite. Alors Toto lui répond :
« Je cours, tu cours, il court... ! »

LE MONSIEUR/MADAME DE TOTO

Monsieur et Madame CAL ont deux filles et un fils, comment s'appellent-ils ?

Anna, Lise et Mehdi (analyse médicale).

Toto rentre chez lui. Alors que l'horloge sonne trois coups, il s'exclame :
« Oh, ça va ! Je sais qu'il est une heure, pas la peine de le répéter trois fois ! »

LA DEVINETTE DE TOTO

Quelle est la différence entre un chewing-gum, un avion et une maîtresse ?

Le chewing-gum colle, l'avion décolle et la maîtresse d'école.

La maman de Toto a placé celui-ci dans un taxi pour aller voir sa tante, et lui a donné un billet de 20 euros pour la course. Arrivé à destination, le chauffeur de taxi demande à Toto :
« Et voilà, tu es arrivé !
Ça nous fait21 euros, mon garçon !
– Ah, zut, je n'ai pas assez d'argent, répond Toto, embêté. Vous ne pourriez pas faire marche arrière sur quelques mètres, s'il vous plaît ? »

Découvre la morale d'une des fables de La Fontaine...

Rien ne sert de courir, il faut partir à point. (riz-un-nœud-cerf-deux-cou-rire-île-faux-pas-r'-tire-a-point).

LA DEVINETTE DE TOTO

Quelle est la question à laquelle on ne peut répondre sans mentir ?

« Est-ce que tu dors ? »

LE MONSIEUR/MADAME DE TOTO

Monsieur et Madame FRAICHI ont une fille, comment s'appelle-t-elle ?

Sarah (ça rafraîchit).

Johan et Toto parlent de leurs prochains cadeaux d'anniversaire :
« Moi, dit Johan, je veux un vélo neuf et un jeu vidéo.
– Moi, poursuit Toto, je veux un lion qui rugit, un loup qui hurle et des parents en peluche. »

LE COMBLE DE TOTO

Quel est le comble pour un miroir ?

Ne pas réfléchir.

LE COMBLE DE TOTO

Quel est le comble pour un fantôme ?

Faire du mauvais esprit.

HAHAHA !

QUI SUIS-JE ?

On me trouve chez l'homme,
mais pas chez la femme, dans une pomme,
mais pas dans une banane, dans un avion,
mais pas dans un bateau.
Qui suis-je ?

La lettre « o ».

Lors du recrutement d'un gardien de but, l'entraîneur demande à Toto son signe du zodiaque : « Lion ? Tu es engagé, va dans ta cage ! »

En décembre, Toto dit à son papa :
« Ce mois-ci, j'ai eu une très bonne place à l'école.
– Ah oui, tout près de la maîtresse ?
– Non, je suis au fond de la classe, tout près du chauffage ! »

LE COMBLE DE TOTO

Quel est le comble pour un pêcheur ?

Surveiller sa ligne !

Toto en a assez de répondre au téléphone pour ses parents. Un soir, le téléphone sonne...
« Allô, je suis bien chez les parents de Toto ?
- Ah non, désolé, monsieur, c'est une erreur. Ici, nous n'avons pas le téléphone ! »
Et il raccroche.

LA CHARADE DE TOTO

Mon premier est un liquide fruité.
Mon deuxième est égal à 3,14.
Mon troisième est le nom de notre planète.
Mon tout fait partie du système solaire.

Jupiter (Jus-pi-Terre).

LA DEVINETTE DE TOTO

Qui, entre le jardinier et le policier, dit n'importe quoi ?

C'est le jardinier, car il raconte des salades.

LA CHARADE DE TOTO

Quand mon premier fait 6, tu as le droit de sortir ton cheval.
Mon deuxième, lui, abrite plein d'animaux.
Mon troisième est la partie de la vache qui donne le lait.
Mon quatrième est le contraire de rapide.
Mon tout est un adjectif vraiment très drôle.

Désopilant (dé-zoo-pis-lent).

LE MONSIEUR/MADAME DE TOTO

Monsieur et Madame PESTE ont un fils, comment s'appelle-t-il ?

Jean (j'empeste).

QUI SUIS-JE ?

J'ai des feuilles, mais je ne suis pas un arbre.
J'ai une couverture, mais je ne suis pas un lit.
Qui suis-je ?

Un livre.

LE COMBLE DE TOTO

Quel est l'oiseau qui passe son temps à dire bonjour ?

Le coucou.

Toto fait de la luge en compagnie de sa sœur. Sa maman lui crie par-dessus son magazine :
« N'oublie pas de prêter ta luge à ta sœur, hein Toto !
- Oui m'man, je prends la luge pour descendre et elle, pour remonter... »

LA CHARADE DE TOTO

Mon premier peut être de blé, de fleurs ou de maïs.
Mon deuxième est un oiseau voleur.
Les oiseaux font leurs petits dans mon troisième.
Mon quatrième vient après « il » et « elle ».
Toto ramasse mon tout dans la forêt.

Champignons (champ-pie-nid-on).

LE COMBLE DE TOTO

Quel est le comble pour un roi ?

Avoir mal au palais !

QUI SUIS-JE ?

J'ai six clés sans serrures. Si tu me grattes, je murmure. Qui suis-je ?

Une guitare.

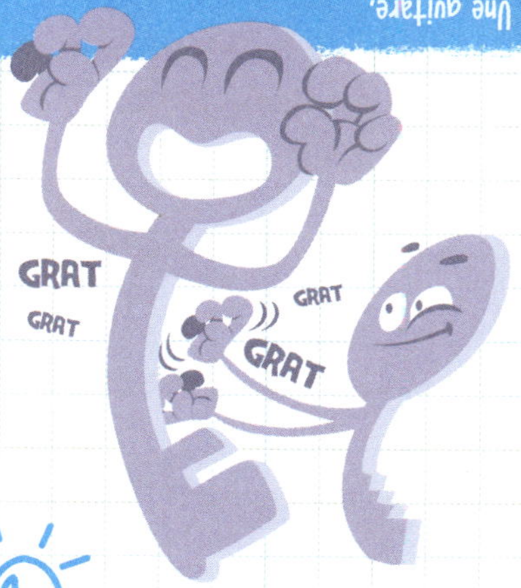

LE COMBLE DE TOTO

Quel est le comble pour une boussole ?

Perdre le nord.

LA CHARADE DE TOTO

Mon premier est une petite bête qui saute sur le dos des chiens.
Mon second est la forme de la tête de Toto.
Mon tout grimpe sur les rosiers.

Puceron (puce-rond).

LE MONSIEUR/MADAME DE TOTO

Monsieur et Madame AIRE ont un fils, comment s'appelle-t-il ?

Axel (accélère).

Toto joue du violon. Un invité de ses parents demande :
« Qui est son professeur ?
– Personne, il a appris tout seul !
– Ah ? Ça fait toujours un coupable de moins ! »

Le papa de Toto est effondré :
« Regarde, Toto, je croyais qu'ouvrir une pizzeria dans notre rue était une bonne idée, mais deux concurrents ont fait la même chose ! Et tu as vu comment ils les ont appelées ? "La meilleure pizzeria du monde" et "La meilleure pizzeria de l'univers" !
– T'inquiète pas, papa, tu n'as qu'à appeler la tienne "La meilleure pizzeria de la rue", tout simplement ! »

HAHAHA !

HAHAHA !

LE MONSIEUR/MADAME DE TOTO

Monsieur et Madame MENVUDAUSSIBONNESBLAGUESDANSUNLIVRE ont un fils, comment s'appelle-t-il ?

Gérard (j'ai rarement vu d'aussi bonnes blagues dans un livre).

LA DEVINETTE DE TOTO

Qu'est-ce qu'il ne faut jamais faire devant un poisson-scie ?

La planche.

La maîtresse a demandé à la classe de rendre les devoirs effectués à la maison, et passe dans les rangs pour les ramasser.
Arrivée devant Toto, elle lui demande pourquoi il n'a rien à lui remettre.
« Ben, je ne l'ai pas fait, m'dame !
– Et pourquoi Toto ?
– Vous avez dit "devoir à la maison", mais j'habite en appartement, moi ! »

QUI SUIS-JE ?

Sur un simple mot,
nous nous séparons.
Qui sommes-nous ?

Les lèvres.

LE COMBLE DE TOTO

Quel est le comble pour un agneau ?

Avoir une faim de loup.

hihihi !

LA CHARADE DE TOTO

Mon premier a six faces.
On dort dans mon deuxième.
Mon troisième est le pluriel de ciel.
Mon tout signifie très bon.

Délicieux (dé-lit-cieux).

Toto arrivant tout le temps en retard à l'école avec son copain Arthur, la maîtresse leur fait remarquer et leur demande :
« Pourquoi arrivez-vous tous les jours en retard ?
– C'est à cause du panneau près de l'école, répond Toto.
– Mais de quel panneau parles-tu ?
– Bah... Celui où il est marqué RALENTIR ÉCOLE... »

LA CHARADE DE TOTO

Mon premier n'est pas vrai.
Mon second est le poil des paupières.
Mon tout est un reste d'animal conservé dans la roche.

Fossile (faux-cil).

« Où a été signé le traité de Versailles ?
– En bas de la feuille, m'dame. »

QUI SUIS-JE ?

Je vole, mais je n'ai pas d'aile, je pleure, mais je n'ai pas d'yeux. Qui suis-je ?

Un nuage.

LE MONSIEUR/MADAME DE TOTO

Monsieur et Madame LANUIGÉFROI ont une fille, comment s'appelle-t-elle ?

Sandra (sans drap, la nuit, j'ai froid).

LE COMBLE DE TOTO

Quel est le comble pour un astronaute ?

Être dans la lune.

Toto déclare à un copain :
« Dans la vie y'a trois sortes de gens.
– Ah bon ?
– Ouais, y'a ceux qui savent compter et ceux qui ne savent pas ! »

LE MONSIEUR/MADAME DE TOTO

Monsieur et Madame TISSIPE ont un fils, comment s'appelle-t-il ?

Jean (j'anticipe).

QUI SUIS-JE ?

On me dépose sur une table, on me coupe, on me sert mais pourtant on ne me mange pas ! Qui suis-je ?

Un jeu de cartes.

HAHAHA !

Lorsque le ton monte, on dit souvent...

Il y a de l'orage dans l'air. (île-i-a-deux-l'-eau-rat-jeux-dent-l'-r).

LE COMBLE DE TOTO

Quel est le comble pour une poule ?

Être fière comme un coq.

La municipalité a inauguré un nouveau terrain multisport pour que Toto et ses copains puissent jouer, entre autres, au foot. Franck, un copain de Toto, demande à celui-ci : « Alors Toto, comment as-tu trouvé le nouveau terrain de foot ?
– Oh, ben en suivant les panneaux ! »

LA DEVINETTE DE TOTO

Pourquoi les gorilles ont-ils de grosses narines ?

Parce qu'ils ont de gros doigts !

Un cirque s'installe dans un village. Les enfants se précipitent pour voir les animaux. Le gardien leur dit : « Doucement, ne vous approchez pas trop près de la cage du lion, les enfants ! »
Toto hausse les épaules : « Pfff, on ne va pas le manger votre lion ! »

QUI SUIS-JE ?

Je change tout au long de l'année mais je peux être fixée. Qui suis-je ?

La date.

LE MONSIEUR/MADAME DE TOTO

Monsieur et Madame SUISPOURRIEN ont une fille, comment s'appelle-t-elle ?

Jenny (je n'y suis pour rien).

LE COMBLE DE TOTO

Quel est le comble pour un chien ?

Aller au marché aux puces.

HAHAHA !

HAHAHA !

LA CHARADE DE TOTO

Mon premier coupe les troncs d'arbres.
Mon deuxième est au milieu du visage.
Mon troisième tient la grand-voile d'un bateau.
Mon tout sent le pop-corn.

Cinéma (scie-nez-mât).

LE COMBLE DE TOTO

Quel est le comble d'un juge gourmand ?

Manger des avocats.

« J'ai battu un record, s'exclame Toto !
– Ah bon, lequel ? demande sa mère.
– J'ai réussi à faire en 15 jours un puzzle sur lequel il y avait écrit "de 3 à 5 ans". »

Toto regarde un match de foot. L'arbitre siffle, mais se fait remettre à sa place par le buteur de l'équipe de France. Penaud, l'arbitre demande la reprise du match. Et Toto de commenter devant son père : « C'est ce qui s'appelle se faire couper le sifflet ! »

hihihi!

hihihi!

LA DEVINETTE DE TOTO

Un train électrique se dirige vers l'ouest. Le vent vient du nord. De quel côté la fumée se dirige-t-elle ?

Il n'y a pas de fumée, c'est un train électrique.

LE COMBLE DE TOTO

Quel est le comble pour une taupe ?

Amuser la galerie.

LE MONSIEUR/MADAME DE TOTO

Monsieur et Madame NADE ont un fils, comment s'appelle-t-il ?

Thor (tornade).

« Toto, arrête de me répondre sur ce ton ! N'oublie pas que je suis ta mère, hein !
– Oui, maman, c'est bon, pas la peine de t'en vanter tout le temps ! »

LA CHARADE DE TOTO

Mon premier est le contraire de froid.
Mon deuxième s'enfile roulé quand il ne fait pas beau.
Mon troisième est la première lettre de l'alphabet.
Mon tout est délicieux.

Chocolat (chaud-col-A).

« Docteur, dit Toto,
je me prends pour l'homme invisible.
– Qui parle ? »

LE MONSIEUR/MADAME DE TOTO

Monsieur et
Madame JARDIN ont trois filles,
comment s'appellent-elles ?

Elsa, Rose et Laure (elles arrosent leur jardin).

LE COMBLE DE TOTO

Quel est le comble
pour un pompiste ?

Avoir un coup de pompe.

hihihi!

hihihi!

LA CHARADE DE TOTO

Mon premier est le bruit d'un coup de feu.
Mon deuxième se produit pendant l'orage.
Mon troisième pousse dans la forêt.
Mon tout est un fruit acide.

Pamplemousse (pan-pleut-mousse).

QUI SUIS-JE ?

J'ai des pieds mais je ne marche pas.
Un dos solide, mais je ne travaille pas.
Deux bras, mais je ne saisis rien.
Une place pour m'asseoir,
sauf que je ne peux pas
le faire. Qui suis-je ?

Un fauteuil.

Julien chuchote à Toto :
« Psst, Toto, tu connais la blague
de l'essence ?
– Ouais, je la connais, elle est bidon ! »

LE MONSIEUR/MADAME DE TOTO

Monsieur et
Madame AJERRE ont un fils,
comment s'appelle-t-il ?

Tex (t'exagères).

J'aimerais sortir du labyrinthe !

Le Minotaure
(l'-œufs-mi-n'-eau-t'-or)

Toto demande à sa maman :
« Dis, d'où est-ce que j'ai pris mon intelligence ?
– Sans doute de ton père, parce que moi, j'ai encore la mienne ! »

LE MONSIEUR/MADAME DE TOTO

Monsieur et Madame FROID ont quatre filles et trois fils, comment s'appellent-ils ?

Éva, Aude, Anne, Marc, Samson, Gilles et Ella (elle va au Danemark sans son gilet et elle a froid).

LA CHARADE DE TOTO

Mon premier est le cri du tigre.
Mes deuxièmes sont pondus.
Mon troisième est un autre nom pour désigner les pâtes.
Mon tout est un animal vert.

Grenouille (grr-œufs-nouilles).

QUI SUIS-JE ?

Je me cache lorsque je sers, c'est presque toujours avec des vers, et l'on me trouve au bout de chaque ligne. Qui suis-je ?

L'hameçon.

LE COMBLE DE TOTO

Quel est le comble pour un boxeur ?

Mettre les poings sur les « i ».

HAHAHA !

« Maman, je peux avoir du chocolat s'il te plaît ? demande Toto.
- Mais, je viens de t'en donner un gros morceau !
- Oui, mais j'en voulais un petit ! »

HAHAHA !

QUI SUIS-JE ?

Je ne suis pas un bateau, pourtant
tu regardes par mon hublot.
Si dehors il fait beau,
la tempête est dedans !
Qui suis-je ?

La machine à laver.

LE COMBLE DE TOTO

Quel est le comble pour un pigeon roux ?

Couler, car le pigeon roux coule !

« Dis, Toto,
ton chat, c'est un mâle
ou une femelle ?
- Un mâle.
- Et comment tu le sais ?
- Facile : il a des
moustaches ! »

Toto entre dans une papeterie
et crie très fort :
« Bonjour ! Je voudrais un stylo-plume, s'il vous plaît !
- Pas si fort ! Je ne suis pas sourd, répond le vendeur.
À grands ou à petits carreaux ? »

LE MONSIEUR/MADAME DE TOTO

Monsieur et Madame NEYMAR ont un fils, comment s'appelle-t-il ?

Jean (j'en ai marre).

LA CHARADE DE TOTO

Mon premier est un mot
de liaison.
Mon deuxième est un liquide
que l'on boit.
Mon troisième est lorsque
l'on aime fortement une star.
Mon tout est un animal
d'Afrique.

Éléphant (et-lait-fan).

Si on la dépasse, on est dans l'illégalité.

La limitation de vitesse
(la-lit-mie-tasse-si-on-deux-vite-haie-sss).

LE MONSIEUR/MADAME DE TOTO

Monsieur et Madame TRAIBIEN ont une fille, comment s'appelle-t-elle ?

Samira (ça m'ira très bien).

QUI SUIS-JE ?

Il est préférable de m'avoir de son côté
et ne jamais me laisser tourner.
Me souhaiter peut permettre de gagner.
Qui suis-je ?

La chance.

LA DEVINETTE DE TOTO

Que fait la salade dans la montagne ?

De la mâche à pied !

L'entraîneur se désespère auprès de Toto :
« Toto, tu t'habilles lentement, tu fais tes lacets lentement, tu cours lentement, tu dribbles lentement…
Tu peux me dire ce que tu fais vite ?
– Euh, ben, je me fatigue vite ! »

LA CHARADE DE TOTO

Mon premier est dans le poisson.
Mon deuxième est la sienne.
Mon troisième est parfois de gouttière.
Mon quatrième mélange les ingrédients dans sa casserole.
Mon tout est une phrase prononcée par une victime de guilis.

Arrête, sa chatouille ! (arête-sa-chat-touille).

LA DEVINETTE DE TOTO

Plus tu en fais, plus il en apparaît derrière toi. De quoi s'agit-il ?

Des pas.

LE MONSIEUR/MADAME DE TOTO

Monsieur et Madame HANCIEUX ont une fille, comment s'appelle-t-elle ?

Cécile (c'est silencieux).

LA CHARADE DE TOTO

Mon premier est la onzième lettre de l'alphabet.
Mon deuxième est la première syllabe du mot maison.
Mon troisième est un prénom masculin.
Mon tout est animal.

Caméléon (k-mai-Léon).

Toto reçoit un boomerang tout neuf. Il s'empresse de jeter le vieux. Il le jette une fois, deux fois, trois fois...

LE COMBLE DE TOTO

Quel est le comble pour un coq ?

Avoir la chair de poule.

HAHAHA !

Lorsqu'on me nomme, je n'existe plus.

Le silence (l'-œufs-cil-anse).

Toto et son père sont dans un magasin de lits :
« Ce modèle a l'air un peu fragile, non ? demande le père au vendeur.
– Ça devrait aller, papa ! Tu dis toujours que tu as le sommeil léger ! » intervient Toto.

La maîtresse demande à Toto d'aller au tableau, et d'écrire une phrase avec le mot sucre. Toto écrit la phrase suivante :
« Je bois du café au lait. »
La maîtresse, étonnée, lui demande :
« Où est le mot sucre dans cette phrase ? »
Toto répond alors :
« Ben, il est dans le café au lait, maîtresse ! »

LA CHARADE DE TOTO

Mon premier est une partie de la vache.
Mon deuxième est un cousin de la souris.
Mon troisième est la dernière syllabe du mot patate.
Mon tout est un homme qui navigue sur les mers.

Pirate (pie-rat-te).

Toto dit à sa maman :
« Maman, il y a ma sœur qui crie dans son bain, je ne peux pas faire mes devoirs !
– Sors-la, Toto !
– Bah non, c'est bien trop chaud !

LA DEVINETTE DE TOTO

Il siffle sans bouche, court sans jambes, frappe sans mains, passe sans paraître. Qui est-ce ?

Le vent.

LE MONSIEUR/MADAME DE TOTO

Monsieur et Madame PLUPERSONNE ont un fils, comment s'appelle-t-il ?

Jonathan (je n'attends plus personne).

LE COMBLE DE TOTO

Quel est le comble pour un pilote d'avion ?

Avoir toujours un train de retard.

HAHAHA !

QUI SUIS-JE ?

Pour moi, l'accouchement vient avant la grossesse, l'enfance avant la naissance, l'adolescence avant l'enfance, la mort avant la vie. Qui suis-je ?

Le dictionnaire.

LE COMBLE DE TOTO

Quel est le comble pour un agneau ?

Marcher à pas de loup.

LA DEVINETTE DE TOTO

Que faire si une mouche est en train de se noyer ?

Du mouche à mouche.

Je suis un pharaon très célèbre…

Toutânkhamon
(t'-houx-tank-a-mont).

La maîtresse explique à ses élèves que les vaches mâchent toute la journée. Toto demande alors : « Mais à part du chewing-gum, qu'est-ce qu'elles mangent ? »

LE MONSIEUR/MADAME DE TOTO

Monsieur et Madame ROBE ont un fils, comment s'appelle-t-il ?

Mick (microbe).

Toto demande à son père : « Papa, tu connais l'histoire de la chaise ? Elle est pliante ! »

QUI SUIS-JE ?

J'ai un chapeau et pas de tête, un pied et pas de souliers. Qui suis-je ?

Le champignon.

LA DEVINETTE DE TOTO

En allant au marché, je croise deux hommes accompagnés chacun de deux femmes accompagnées chacune de deux enfants. Combien de personnes vont au marché ?

Une seule : moi. Les autres personnes me croisent, et vont donc en sens inverse.

LE COMBLE DE TOTO

Quel est le comble pour un crayon à papier ?

Avoir mauvaise mine.

Toto dit à son papa :
« Papa, j'aimerais une bicyclette pour Noël.
- Seulement si tu arrives à l'écrire !
- Finalement je préfère un vélo... »

HAHAHA !

HAHAHA !

LA CHARADE DE TOTO

Mon premier est la dix-neuvième lettre de l'alphabet.
Mon deuxième est un bus avec une soute à bagages.
Mon troisième signifie « aller » en anglais.
Mon tout est un petit animal qui bave.

Escargot (S-car-go).

LE MONSIEUR/MADAME DE TOTO

Monsieur et Madame HOCHET ont un fils, comment s'appelle-t-il ?

Rick (ricochet).

hihihi! hihihi!

Toto et un copain discutent pendant le cours.
« Est-ce que tu parles anglais, Toto ?
– Comment veux-tu que je le sache, je n'ai jamais essayé ! »

LE COMBLE DE TOTO

Quel est le comble pour un livre ?

Ne pas être à la page.

Toto achète de nouveaux vêtements avec son papa.
« Allons, Toto, on ne va pas y passer la journée. Il est très bien, ce pantalon ! Qu'est-ce que tu lui reproches ?
– Il me serre un peu sous les bras... »

Le grand-père de Toto lui demande :
« Quel est le passé composé de "je bâille", Toto ?
– J'ai bâillé, dit Toto.
– Bien, et le futur ?
– Je dors. »

LE MONSIEUR/MADAME DE TOTO

Monsieur et Madame CITRON ont un fils, comment s'appelle-t-il ?

Théo (thé au citron).

LA CHARADE DE TOTO

Mon premier habille l'oreiller.
Mon deuxième est une trace au sol.
Mon troisième soutient la voile du navire.
Tu te mets en mon quatrième quand tu sors à l'école.
Mon tout est ce que tu dis à un copain pas drôle.

T'es pas marrant (taie-pas-mât-rang).

QUI SUIS-JE ?

Je fais grossir, mais je ne change pas le poids. Qui suis-je ?

La loupe.

LE MONSIEUR/MADAME DE TOTO

Monsieur et Madame TIMÈTRES ont un fils, comment s'appelle-t-il ?

Vincent (vingt centimètres).

Elle n'aurait pas dû croquer dans la pomme.

Blanche-Neige et les sept nains
(blanc-ch'-œufs-nez-jeux-haie-lait-sept-n'-un).

Toto se perd dans un grand magasin. L'enfant demande à la caissière : « Vous n'auriez pas vu une dame sans moi ? »

QUI SUIS-JE ?

Je grossis et maigris sans jamais rien manger. Quelquefois ronde comme un ballon, quelquefois mince comme un sourire, je me cache le jour et ne brille que la nuit. Qui suis-je ?

La lune.

LA CHARADE DE TOTO

Mon premier est la deuxième personne du singulier.
Mon deuxième est l'endroit où nous dormons.
Mon troisième est les deux premières lettres du mot peur.
Mon tout est une fleur.

Tulipe (tu-lit-pe).

LE COMBLE DE TOTO

Quel est le comble pour un bananier ?

Faire un régime.

hihihi !

À l'école, le papa de Toto demande à la maîtresse :
« Trouvez-vous que mon fils me ressemble ?
– Oui, mais c'est pas grave, l'essentiel, c'est qu'il soit en bonne santé. »

HAHAHA !

Je suis une reine d'Égypte très connue.

Cléopâtre (clé-eau-pas-tr'-œufs).

LA DEVINETTE DE TOTO

Si avant-hier était lundi, quel jour serons-nous la veille d'après-demain ?

Jeudi.

Toto va voir sa maman.
« Maman, Maman…
je me suis fait mal !
- Où ça ?
- Là-bas ! »

Toto demande à sa maman d'aller chez le médecin.
« Pourquoi ? lui demande sa maman.
- Parce que la maîtresse m'a dit de soigner mon écriture ! »

Toto est chez le coiffeur.
« Mon garçon, tu as les cheveux gras.
- Ah, il faut leur faire faire un régime alors ? »

LE MONSIEUR/MADAME DE TOTO

Monsieur et Madame GOUDY ont deux filles, comment s'appellent-elles ?

Ella, Debbie (elle a des bigoudis).

LA CHARADE DE TOTO

Mon premier se situe entre je et il ou elle.
Mon deuxième imite la vache.
Mon troisième a des ailes et une baguette magique.
Mon quatrième est le propre de l'homme.
Mon tout est ce que tu dis à une copine blagueuse.

Tu me fais rire (tu-meuh-fée-rire).

HAHAHA !

Toto demande à sa grand-mère :
« Mamie, est-ce que tu es coiffeuse ?
– Non, pourquoi ?
– Parce que maman a dit que tu frisais la soixantaine et que tu allais nous raser pendant toutes les vacances ! »

LE MONSIEUR/MADAME DE TOTO

Monsieur et Madame ENROUTE ont une fille, comment s'appelle-t-elle ?

Mélusine (« mets l'usine en route ! »).

LE COMBLE DE TOTO

Quel est le comble de l'électricien ?

Ne pas être au courant.

QUI SUIS-JE ?

Qu'il soit noir, gris ou blanc,
il n'y en a pas deux semblables.
Il suit le souffle du vent et reste
pour nous impalpable. Qui est-il ?

Un nuage.

LA DEVINETTE DE TOTO

Quelles sont les lettres les plus travailleuses ?

O.Q.P. (occupées).

HAHAHA !

Toto a un coup de cœur pour la correspondante anglaise de sa sœur. Après un moment, il se décide à l'accoster et lui dit :
« Je serais très heureux d'avoir un rendez-vous avec toi demain. »
L'Anglaise lui répond alors :
« *With you ? Never !* »
Toto réplique :
« D'accord ! Never, never et demi ? »

Pour certains, les faire relève de l'exploit...

Les devoirs de mathématiques (lait-deux-voir-deux-mât-thé-mât-tic).

LE MONSIEUR/MADAME DE TOTO

Monsieur et Madame COVERT ont un fils, comment s'appelle-t-il ?

Harry (haricot vert).

hihihi !

Le papa de Toto dit à un ami :
« Mon fils joue du piano.
– Et ça rapporte ? demande l'autre.
– Je pense bien, c'est ce qui m'a permis d'acheter la maison des voisins pour presque rien ! »

Toto demande à son père :
« Papa, c'est quoi, la beauté ?
– Tu vois ta mère ?
– Oui.
– Eh ben, c'est pas ça. »

LA DEVINETTE DE TOTO

Quel insecte obtient-on si on étire un papi ?

Un papillon !

LE COMBLE DE TOTO

Quel est le comble pour un dessinateur en retard dans sa livraison de commande ?

Mettre la gomme !

LA CHARADE DE TOTO

Mon premier porte les voiles d'un bateau.
Mon deuxième est compris entre 1 et 3.
Mon troisième se boit au petit déjeuner.
Mon quatrième se fait avec les lacets de chaussures.
Mon tout est un petit gâteau.

Madeleine (mât-2-lait-nœud).

LA CHARADE DE TOTO

Mon premier est le bébé de la biche.
Mon deuxième n'est pas tard.
Mon troisième est le cri de la vache.
Chut ! Toto a peur de mon tout !

Fantômes (faon-tôt-meuh).

LE COMBLE DE TOTO

Quel est le comble pour un arbitre ?

Se faire couper le sifflet.

QUI SUIS-JE ?

Je fus demain,
je serai hier.
Qui suis-je ?

Aujourd'hui.

LE MONSIEUR/MADAME DE TOTO

Monsieur et Madame DEULODANLACRUCHE ont un fils, comment s'appelle-t-il ?

Jérémy (J'ai remis de l'eau dans la cruche).

Toto est chargé de faire le marché. Il s'approche de l'étal du maraîcher pour acheter des pommes.
« Bonjour, m'sieur ! Dites, vos pommes, elles viennent de France ou d'Espagne ?
– C'est pour les manger, ou c'est pour causer avec ? »

hihihi !

LA DEVINETTE DE TOTO

Pourquoi les plongeurs en mer, assis sur le rebord du bateau, plongent-ils en arrière pour se jeter à l'eau ?

Parce que s'ils plongeaient en avant, ils se cogneraient sur le pont du bateau !

Toto demande à son copain Julien : « Tu connais l'histoire de l'armoire ? Elle n'est pas commode... »

LE MONSIEUR/MADAME DE TOTO

Monsieur et Madame D'ŒUF ont un fils, comment s'appelle-t-il ?

John (Jaune d'œuf).

À la récré, Toto discute avec ses copains :
« Moi, mon papa, il travaille dans un bureau ! dit Justine, très fière.
– Ah oui ? Et dans quel tiroir ? » demande Toto.

HAHAHA ! HAHAHA !

LE COMBLE DE TOTO

Quel est le comble pour une pièce de monnaie ?

Perdre la face.

LA DEVINETTE DE TOTO

Comment appelle-t-on un ascenseur au Japon ?

Avec son doigt.

Toto discute avec son copain à la récré :
« Tu crois qu'il y a du monde sur la lune ?
– Ben oui, c'est toujours allumé ! »

LA CHARADE DE TOTO

Mon premier est une première lettre.
Mon deuxième aussi.
Mon troisième n'est plus vivant.
Mon quatrième est deuxième.
Mon cinquième se fait pilaf.
Tu dis mon sixième quand tu revois quelqu'un.
Mon tout est ce que tu peux dire en déchiffrant cette charade.

Ha, ha, mort de rire !
(A-A-mort-deux-riz-re).

« Toto, peux-tu me dire ce qui s'est passé d'important en 1769 ?
– Napoléon est né, madame.
– Très bien, Toto. Et en 1772 ?
– Napoléon a eu trois ans ! »

LE MONSIEUR/MADAME DE TOTO

Monsieur et Madame BOUT ont une fille, comment s'appelle-t-elle ?

Cari (caribou).

LA CHARADE DE TOTO

Mon premier se fait avec un arc.
Mon deuxième est réputé très têtu.
Mon troisième est un nez anglais.
Mon quatrième est un métal précieux.
Mon tout a disparu et avait grand appétit !

Tyrannosaure (tir-âne-nose-or).

QUI SUIS-JE ?

Je ne fais pas de bruit quand je me lève et pourtant, rien à faire, je réveille tout le monde.
Qui suis-je ?

Le soleil.

LE COMBLE DE TOTO

Quel est le comble pour un horloger ?

Chercher midi à quatorze heures.

Toto écrit à la fille qu'il aime : « Le matin, je ne mange pas, car je pense à toi. À midi, je ne mange pas, car je pense à toi. Le soir, je ne mange pas, car je pense à toi. La nuit, je ne dors pas, car j'ai faim ! »

Toto propose à sa grand-mère : « Et si on jouait au zoo ? Toi, tu es le public qui donne les bonbons aux éléphants et moi, je suis un éléphant. »

Toto annonce à son papa : « Papa, quand je serai grand, je veux être comme toi…
– Oh ! Ça me touche beaucoup, Toto, merci », dit son papa ému avant que Toto ne rajoute : « … mais avec des muscles ! »

« Toto ! Rentre tout de suite à la maison prendre ta douche ! » crie sa maman à son fils qui joue dans le jardin avec ses copains.
« D'accord, maman ! répond Toto. Bon, les gars, j'en ai pour cinq minutes, je vais me laver. Après, je reviens jouer dans la boue avec vous ! »

LE MONSIEUR/MADAME DE TOTO

Monsieur et Madame ULTASCOLAIRSONTNULS ont une fille, comment s'appelle-t-elle ?

Thérèse (tes résultats scolaires sont nuls).

« Dis-moi Toto, combien font trois plaquettes de chocolat à 2 euros chacune ?
– Avec moi, pas plus d'une semaine ! »

LA CHARADE DE TOTO

Mon premier est la quinzième lettre de l'alphabet.
Mon deuxième est la façon de se ranger à la fin de la récréation.
Mon troisième est la première personne du singulier.
Mon tout est une couleur.

Orange (o-rang-je).

QUI SUIS-JE ?

Tu soulèves ma couverture pour plonger en moi. Mais dans le noir, je ne te suis d'aucune utilité. Qui suis-je ?

Le livre.

Alors que Toto rentre de la patinoire, où il a passé l'après-midi, sa maman lui demande :
« Alors, c'était comment la patinoire ?
– Pff... Elle était même pas noire, c'était une pati... blanche. »

LA DEVINETTE DE TOTO

Quelle est la différence entre un enfant qui fait des bêtises et un sapin de Noël ?

Aucune ! Les deux se font enguirlander.

HAHAHA !

LA CHARADE DE TOTO

Mon premier est chassé par le chien.
Mon second est chassé par le chat.
Mon troisième est le résultat de 4 - 2.
Mon tout est présent dans ce livre.

Charade (chat-rat-deux).

Sésame, ouvre-toi !

Ali Baba et les quarante voleurs (a-lit-baba-haie-lait-car-an-t'-œufs-vole-heure).

LE COMBLE DE TOTO

Quel est le comble pour une plante verte ?

Ne pas avoir de pot.

Toto rentre de chez lui tout écorché, ses vêtements sont en lambeaux et il est couvert de boue.
Sa maman s'écrie :
« Mais enfin, Toto, où étais-tu ? Que s'est-il passé ?
– Ben j'étais avec les copains, on a joué au foot ! répond Toto tranquillement. Mais il y avait une personne en trop pour former deux équipes complètes…
– Et alors ?
– Et alors, j'ai dû faire le ballon… »

LE MONSIEUR/MADAME DE TOTO

Monsieur et Madame MENTOR ont un fils, comment s'appelle-t-il ?

Gérard (j'ai rarement tort).

Toto se vante auprès de son copain Julien :
« Hier, je suis tombé d'une échelle de dix mètres de haut !
– Pas croyable ! Et tu n'as rien de cassé ?

LA DEVINETTE DE TOTO

Quel est le fruit que détestent les poissons ?

La pêche.

QUI SUIS-JE ?

Ôtez-moi une lettre, ôtez-m'en deux, ôtez-les-moi toutes, je reste toujours le même. Qui suis-je ?

Le facteur.

LE COMBLE DE TOTO

Quel est le comble pour un menuisier à la plage ?

Faire la planche.

« Docteur, dit Toto, je crois que je perds la mémoire...
– Ah bon ? Et depuis quand ?
– Depuis quand quoi ? »

Au foot, l'entraîneur s'adresse à Julien et Toto :
« Julien, tu seras gardien, et toi Toto, tu joueras avant.
- Euh, je peux pas jouer pendant, moi ? » demande Toto, vexé.

LE MONSIEUR/MADAME DE TOTO

Monsieur et Madame ZYEUVER ont un fils, comment s'appelle-t-il ?

Bruno (brune aux yeux verts).

Toto est en vacances chez le père Gustave quand il croise un paon magnifique qui fait la roue. Toto court aussitôt le rejoindre :
« Père Gustave ! Viens voir !
Y a une de tes poules qui a fleuri ! »

On ne fait pas d'omelette sans casser des œufs et…

Il n'y a pas de fumée sans feu.
(île-nid-a-pas-deux-fumée-cent-feu).

LE COMBLE DE TOTO

Quel est le comble pour un boulanger ?

Se faire mener à la baguette.

LE MONSIEUR/MADAME DE TOTO

Monsieur et Madame CHETTE ont une fille, comment s'appelle-t-elle ?

Barbie (barbichette).

LA DEVINETTE DE TOTO

Que fait Toto qui a terminé de regarder un DVD ?

Il le rembobine.

**Toto rentre tout sale chez lui.
Sa mère s'énerve :
« Mais comment fais-tu pour te salir autant, Toto ?
_ C'est simple, maman… Je suis beaucoup plus près du sol que toi ! »**

L'entraîneur s'adresse à Toto qui semble peu motivé à jouer aujourd'hui :
« Allez Toto, du nerf ! Mais enfin, que faudrait-il pour que tu mouilles le maillot ?
– Qu'il pleuve, monsieur ! »

La maîtresse demande à Toto :
« Qu'a fait Christophe Colomb, après avoir posé un pied en Amérique ?
– Euh… Il a posé l'autre, madame ? »

LA DEVINETTE DE TOTO

Pourquoi faut-il inventer des casseroles carrées ?

Pour qu'elles empêchent le lait de tourner.

Dans un restaurant, Toto demande au serveur un sucre pour son café.
« Mais, mon garçon, je vous en ai déjà donné cinq !
- Oui, je sais, mais ils ont tous fondu ! »

HAHAHA !

En plein cours à l'école :
« Toto ! On ne joue pas en travaillant !
- Mais madame, je ne travaille pas ! »

LE COMBLE DE TOTO

Quel est le comble pour un cycliste ?

Perdre les pédales.

LE MONSIEUR/MADAME DE TOTO

Monsieur et Madame PAGE ont un fils, comment s'appelle-t-il ?

Marc (marque-page).

LA CHARADE DE TOTO

Mon premier est un champignon comestible.
Ma deuxième est première.
Mon troisième n'est pas dur.
Ma quatrième est la même que ma deuxième.
Mon cinquième soutient la voile du navire.
Mes sixièmes se jouent sur un plateau.
Mon tout est ce que Toto répond quand sa maîtresse l'accuse d'une bêtise.

C'est pas moi, madame !
Cèpe-A-mou-A-mât-dames.

LA DEVINETTE DE TOTO

Pourquoi faut-il accrocher son lit au mur quand on écoute une histoire de Toto ?

Parce que ce sont souvent des histoire à dormir debout !

Le maître interroge Toto :
« Connais-tu la règle de trois ?
- Ben non, je suis tout seul... »

HAHAHA !

Pour passer une bonne journée, il ne faut surtout pas...

Se lever du pied gauche.
(se-l'-œufs-v-du-pied-gauche).

« Dis Toto, lui demande son papa, tu sais pourquoi les fans de l'équipe de France ont les mains toutes lisses ?
– Bien sûr, papa, car cela fait trois mois qu'ils se les frottent en disant "Le prochain match, on le gagne !" »

LE COMBLE DE TOTO

Quel est le comble pour deux guitares ?

Ne pas arriver à se mettre d'accord.

LE MONSIEUR/MADAME DE TOTO

Monsieur et Madame OCHON ont un fils, comment s'appelle-t-il ?

Paul (polochon).

QUI SUIS-JE ?

Je me vide en me remplissant.
Qui suis-je ?

Un sablier.

LE MONSIEUR/MADAME DE TOTO

Monsieur et Madame AMESSE ont une fille, comment s'appelle-t-elle ?

Chantal (chante à la messe).

La maîtresse pose un problème de maths à Toto :
« Tu es face à une baignoire contenant 100 litres d'eau, et tu dois la vider. Pour cela, tu disposes d'une cuillère de 5 millilitres et d'une tasse de 25 centilitres. Quels ustensiles utilises-tu pour vider la baignoire et combien de fois les emploieras-tu ?
– Aucun des deux, madame ! Si je veux vider l'eau de la baignoire, je retire la bonde ! »

hihihi !

LA CHARADE DE TOTO

Mon premier est de l'autre côté de ton ventre.
Mon deuxième est au milieu du pain.
Mon troisième signifie « non » en anglais.
Toto joue à mon tout avec sa copine Justine.

Domino (dos-mie-no).

LE COMBLE DE TOTO

Quel est le comble pour une voyante ?

Perdre la boule.

La maman demande à Toto :
« Que fais-tu ?
- Rien !
- Et ton frère ?
- Il m'aide ! »

Dans la cour de récré, Alexandre se vante du match de foot qu'il a remporté la veille :
« C'était trop facile. J'ai marqué trois buts à moi tout seul. Et vous savez ce que j'ai fait après le match ?
– Oui, tu as éteint ta console ! » lance Toto en riant.

hihihi !

Quand elle arrive, cela signifie la fin des vacances...

La rentrée des classes
(la-r'-an-trait-dé-k'-la-sss).

LE COMBLE DE TOTO

Quel est le comble pour un bonhomme de neige ?

Fondre en larmes.

LA CHARADE DE TOTO

Mon premier est une partie d'un bateau.
Mon deuxième est une boisson chaude.
Mon troisième est mon premier.
Mon quatrième suce le sang.
Mon tout est une matière étudiée à l'école.

Mathématiques (mât-thé-mât-tique).

HAHAHA !

Toto et son équipe ont encore perdu leur match de foot dimanche dernier.
Toto garde le moral et annonce à son papa :
« T'inquiète pas papa, je reste optimiste !
D'ailleurs j'ai surnommé notre équipe "les vaches" !
– Pourquoi ?!
– Parce qu'on fera "meuh" la prochaine fois ! »

LE MONSIEUR/MADAME DE TOTO

Monsieur et Madame TÉRIEUR ont trois fils, comment s'appellent-ils ?

Hilaire, André et Alain (il est rentré à l'intérieur).

Toto trouve un billet de dix euros par terre.
Sa copine Justine lui demande :
« La chance ! Tu vas en faire quoi, de ce billet ?
- Je vais m'acheter... un portefeuille !
- Mais tu y mettras quoi, dedans ?
- Ben... mon billet ! »

LA DEVINETTE DE TOTO

Qu'est-ce qui est vert et navigue sous la mer ?

Un choux marin.

La maîtresse interroge Toto :
« Comment fait-on pour répartir 10 patates entre 7 personnes ?
– Facile, madame ! On fait une purée ! »

LA CHARADE DE TOTO

Mon premier voit s'arrêter les trains.
On fait mon deuxième avec une corde.
Mon troisième ne dit pas la vérité.
Mon tout est un enfant espiègle.

Garnement (gare-nœud-ment).

LE MONSIEUR/MADAME DE TOTO

Monsieur et Madame DISSONTROMUR ont une fille, comment s'appelle-t-elle ?

Nora (nos radis sont trop mûrs).

LE COMBLE DE TOTO

Quel est le comble pour un canard sportif ?

Arriver dans l'étang (arriver dans les temps).

Toto se plaint auprès de son papa :
« Papa, papa, tu ne te souviens jamais de mon anniversaire !
– Bien sûr que si Toto ! Tu es né le 22 mai 2008 !
– Ah, ouf !
– Bah, c'est facile, c'était la date de la finale de la Ligue des champions... »

QUI SUIS-JE ?

Je suis couverte de trous, et malgré tout je retiens l'eau. Qui suis-je ?

Une éponge.

LA CHARADE DE TOTO

Mon premier a dévoré le petit chaperon rouge.
Mon deuxième se réalise parfois.
Mon troisième n'est pas tard.
Mon tout est le petit de mon premier.

Louveteau (loup-vœu-tôt).

LA DEVINETTE DE TOTO

Pourquoi les meilleurs archers ferment-ils un œil pour mieux viser ?

Parce que s'ils fermaient les deux, ils ne verraient plus rien !

Appelle le 18 !

Au feu les pompiers (eau-feu-lait-pont-pied).

LE MONSIEUR/MADAME DE TOTO

Monsieur et Madame PACHAIRE ont trois fils, comment s'appellent-ils ?

Yvan, Sam, Otto (il vend sa moto pas chère).

Toto a de très mauvaises notes en calcul.
Son père lui demande :
« Si tu as six oranges et que tu en ajoutes une, ça fait combien d'oranges ?
– Je ne sais pas, à l'école on compte toujours avec des pommes ! »

hihihi !

LA DEVINETTE DE TOTO

Pourquoi les éléphants n'ont pas d'ordinateur ?

Parce qu'ils ont peur des souris.

LA CHARADE DE TOTO

Mon premier suit un.
Mon troisième est vivant.
Mon troisième n'est pas flou.
Mon tout n'est pas
une charade mais un autre
jeu similaire.

Devinette
(deux-vit-net).

QUI SUIS-JE ?

Ils sont deux, toujours côte à côte,
mais ne se font jamais face.
Qui sont-ils ?

Les yeux.

LA DEVINETTE DE TOTO

Quel est l'insecte qui arrive toujours le premier à la course ?

Le pou, parce qu'il est toujours en tête !

LE COMBLE DE TOTO

Quel est le comble pour un fakir ?

Garer sa voiture sur un passage clouté.

Toto rentre de l'école avec le genou tout écorché.
« Mon pauvre, lui dit sa maman, tu as dû pleurer.
– Ce n'était pas la peine maman, il n'y avait personne. »

LE MONSIEUR/MADAME DE TOTO

Monsieur et Madame NANA ont un fils, comment s'appelle-t-il ?

Juda (jus d'ananas).

Toto et son équipe vont disputer un match en Afrique. Tous les joueurs doivent se faire vacciner. Tout le monde passe, on arrive au dernier, Toto, qui est gardien. Son entraîneur lui pose la main sur l'épaule et lui dit : « Toi, Toto, ce n'est pas la peine, tu n'attrapes jamais rien ! »

Toto est dans un magasin de chaussures avec sa mère. Celle-ci hésite à acheter une paire de chaussures pour le petit frère de Toto. Celui-ci s'impatiente : « Maman, il faudrait te décider avant qu'il soit trop grand pour les porter... »

LA CHARADE DE TOTO

Mon premier sert à lancer des flèches.
Mon deuxième compte 365 jours.
Mon troisième est au-dessus de ta tête.
Toto fait un vœu quand il voit mon tout.

Arc-en-ciel (arc-an-ciel).

LE COMBLE DE TOTO

Quel est le comble pour une mamie couturière ?

C'est de perdre le fil de la conversation.

« Papa ! Aujourd'hui, j'ai fait une super bonne action !
– Ah bon ? Laquelle ?
– Eh bien, Benjamin avait mis une punaise sur la chaise de la maîtresse, et quand elle a voulu s'asseoir, j'ai enlevé la chaise. »

À la piscine, Toto se lance enfin dans le couloir réservé aux bons nageurs, celui qui fait deux cents mètres. Arrivé aux trois quarts du parcours, Toto soupire : « Bon, j'arrête, c'est trop difficile ! » Et il repart en nageant vers le point de départ !

Trouve le début de ce proverbe.
« ... ne fait pas le printemps. »

Une hirondelle (hue-nid-rond-d'aile).

Devant une énième bêtise de Toto, la maman de celui-ci est au bout du rouleau :
« Toto, ce n'est pas possible, tu ne sais plus quelle bêtise inventer !
– Ah, si, si, j'en connais encore plein ! »

HAHAHA !

QUI SUIS-JE ?

Tu me mets pour accélérer mais tu peux aussi me manger. J'efface toutes tes erreurs, à condition d'avoir utilisé le bon outil.
Qui suis-je ?

La gomme.

LE MONSIEUR/MADAME DE TOTO

Monsieur et Madame TALDEROCHE ont un fils, comment s'appelle-t-il ?

Chris (cristal de roche).

LA DEVINETTE DE TOTO

La maman de Toto a trois enfants : Riri, Fifi, et ?

Toto !

« Ce matin, à l'école, j'ai li, dit Toto.
– On dit "j'ai lu", corrige sa maman. Et qu'as-tu fait d'autre ?
– J'ai écru. »

LE COMBLE DE TOTO

Quel est le comble pour un droitier ?

Se lever du pied gauche.

Toto interroge son père :
« Papa, tu as déjà mangé du singe ?
– Bien sûr, Toto ! rigole son père.
– Ah bon ? Et quel goût ça a ?
– Ça ressemble à du mouton, du veau, de la dinde, du bœuf…
– Tout ça ?
– Eh oui ! Le singe, ça imite tout, Toto ! »

LE MONSIEUR/MADAME DE TOTO

Monsieur et Madame BOMBEUR ont un fils, comment s'appelle-t-il ?

Jean (Jambon-beurre).

« Mais Toto, pourquoi n'es-tu pas en tenue de sport ?
Et pourquoi portes-tu cette salopette et cette caisse à outils ?
– Ben quoi m'sieur l'entraîneur, vous ne m'aviez pas dit que j'allais dans la surface de réparation aujourd'hui ? »

LA DEVINETTE DE TOTO

Dans une course à pied, je suis troisième. À quelle place vais-je me trouver si je dépasse le deuxième ?

Deuxième.

Il mène les autres à la baguette.

Le chef d'orchestre
(l'-œufs-ch'-haie-feu-dort-caisse-tr').

LE COMBLE DE TOTO

Quel est le comble du comble ?

Qu'un muet dise à un sourd qu'un aveugle les espionne !

À l'occasion de la naissance de sa petite sœur, la maman de Toto demande à son fils :
« Comment on va l'appeler ?
– Aucune idée, maman. Elle ne sait pas encore parler... »

LA DEVINETTE DE TOTO

Que dit un crayon pressé d'effacer une faute ?

Je mets la gomme !

Honte à toi si tu le fais !

Mettre les pieds dans le plat.
(mètre-lait-pied-dent-l'-œufs-p'-la).

LA CHARADE DE TOTO

Mon premier est Eiffel ou de Pise.
Mon deuxième peut-être marin ou de cravate.
Mon troisième n'est pas le plafond.
Toto a offert mon tout à sa maman pour son anniversaire.

Tournesol (tour-nœud-sol).

LE MONSIEUR/MADAME DE TOTO

Monsieur et Madame DÉ ont une fille, comment s'appelle-t-elle ?

Bonnie (bonne idée).

LE COMBLE DE TOTO

Quel est le comble pour un astronaute amoureux ?

Que sa femme lui demande la lune.

HAHAHA !

Toto et sa maman entrent dans un immeuble :
« Toto, appelle l'ascenseur.
– Ascenseur, ascenseur, ascenseur. »

La maîtresse s'énerve après Toto :
« Toto ! Je t'ai demandé de dessiner ton animal préféré et tu me rends une feuille blanche ? »
Toto répond :
« Ben oui, maîtresse ! J'ai dessiné mon chat blanc dans la neige ! »

QUI SUIS-JE ?

En me présentant, on pourrait me prendre pour une invention révolutionnaire : grâce à moi en effet, tu peux voir à travers les murs. Et pourtant, je suis une chose vraiment toute simple. Qui suis-je ?

Une fenêtre.

LE COMBLE DE TOTO

Quel est le comble de la confiance en soi ?

Manger des spaghetti bolognaise en chemise blanche.

LE MONSIEUR/MADAME DE TOTO

Monsieur et Madame LESMOUTONS ont une fille, comment s'appelle-t-elle ?

Campbell (quand bêlent les moutons).

Le grand-père de Toto annonce à celui-ci : « Toto, je m'en vais au jardin, mon vieux copain François vient m'aider à jardiner ! À tout à l'heure !
– Si je comprends bien, tu vas voir ton pote âgé ! »

La maîtresse interroge Toto : « Cite-moi deux pronoms !
– Qui ? Moi ?
– Très bien ! »

LA DEVINETTE DE TOTO

Quel est le coquillage le plus dangereux ?

Le couteau.

« Toto ! Tu as encore mis tes doigts sales sur la porte !
– Ah non maman, c'est pas moi ! Moi, je l'ouvre à coups de pied ! »

Quand tu ne sais pas quelque chose, tu...

...donnes ta langue au chat.
(do-nœud-tas-l'-an-gue-eau-chat).

LA DEVINETTE DE TOTO

Quelles sont les lettres préférées de Toto ?

K.K.O. (cacao).

Toto visite le musée du Louvre avec sa classe. Il tombe devant une momie égyptienne entourée de bandelettes.
« Qu'est-ce que ça veut dire, 1564 av. J.-C. ? demande un ami de Toto.
– Oh, répond Toto, c'est sans doute le numéro d'immatriculation de la voiture qui l'a renversée ! »

LE MONSIEUR/MADAME DE TOTO

Monsieur et Madame ABRI ont une fille, comment s'appelle-t-elle ?

Vital (vite, à l'abri).

HAHAHA !

LE COMBLE DE TOTO

Quel est le comble pour un oiseau qui joue au football ?

Se retrouver dans les cages.

LA CHARADE DE TOTO

Mon premier est une partie du corps.
Mon deuxième est une couleur.
Mon troisième est la deuxième personne du singulier.
Mon quatrième est la dernière syllabe de lecture.
Mon tout me tient chaud.

Couverture (cou-vert-tu-re).

LA CHARADE DE TOTO

Mon premier est une note de musique.
On se nourrit de mon deuxième.
Mon troisième attache.
Mon tout est indispensable pour faire du pain.

Farine (fa-riz-nœud).

LE MONSIEUR/MADAME DE TOTO

Monsieur et Madame FONFEK ont une fille, comment s'appelle-t-elle ?

Sophie (saucisson sec).

LE COMBLE DE TOTO

Quel est le comble pour un opérateur téléphonique ?

Déclarer forfait.

La maîtresse interroge Toto :
« Dis Toto, pourquoi les vaches ferment-elles les yeux pendant la traite de lait ?
- Pour faire du lait concentré, madame ! »

C'est l'anniversaire d'un petit nuage.
Sa maman lui demande :
« Que veux-tu comme cadeau, une petite tempête, un ouragan, un déluge ?
– Non merci, maman, je voudrais seulement une petite bise. »

QUI SUIS-JE ?

Je suis toujours à l'abri, mais pourtant je suis toujours mouillé. Qui suis-je ?

La langue.

LA DEVINETTE DE TOTO

Un cheval noir saute par-dessus une tour et tombe sur un petit bonhomme blanc qui disparaît alors. De quoi s'agit-il ?

D'une partie d'échecs. Le joueur qui a les pièces noires vient de prendre le pion du joueur qui a les pièces blanches.

hihihi !

Toto reçoit son livret de notes, et, peu après, son père demande à le voir à son tour :
« Toto ! Je pourrais voir ton carnet de notes, s'il te plaît ?
– Non ! Il est comme un oignon de toute façon !
– Comment ça ?
– Tu l'ouvres et tu pleures ! »

HAHAHA !

LA DEVINETTE DE TOTO

Qu'est-ce qui naît grand et meurt petit ?

Une bougie.

LA CHARADE DE TOTO

Mon premier est une partie du corps.
Mon second est un fleuve français.
Mon tout voit passer beaucoup de gens.

Couloir (Cou-Loire).

LE MONSIEUR/MADAME DE TOTO

Monsieur et Madame TROISJOURS ont un fils, comment s'appelle-t-il ?

Adam (à dans trois jours).

Toto doit faire une course chez le pharmacien.
« Bonjour, monsieur ! Je voudrais de l'acide acétylsalicylique, s'il vous plaît !
– Tu veux dire de l'aspirine ?
– Ha ! Oui, c'est cela... je ne me souvenais plus du nom. »

QUI SUIS-JE ?

Tu y entres par un trou pour en ressortir par deux. Qui suis-je ?

Le pantalon.

LE COMBLE DE TOTO

Quel est le comble pour un mille-pattes ?

Faire les cent pas.

HAHAHA !

**Toto arrive à l'école un lundi matin.
La maîtresse lui demande :
« Toto, où est ton devoir de maths ?
– Il a fugué, Maîtresse.
– Comment ça ? demande celle-ci, interloquée.
– Il avait trop de problèmes... »**

QUI SUIS-JE ?

Avec un E,
je fais des tâches,
avec un A,
je sers d'attache.
Qui suis-je ?

L'encre et l'ancre.

LE COMBLE DE TOTO

Quel est le comble pour un vampire ?

Se faire du mauvais sang.

LA CHARADE DE TOTO

Mon premier est un animal.
Mon second n'est pas tard.
Les princesses habitent dans mon tout.

Château (chat-tôt).

C'est une route étoilée...

La Voie lactée
(la-veau-a-lac-thé).

LE MONSIEUR/MADAME DE TOTO

Monsieur et Madame DANLDÉCOR ont un fils, comment s'appelle-t-il ?

Alphonse (elle fonce dans le décor).

LE MONSIEUR/MADAME DE TOTO

Monsieur et Madame ZEBLUES ont une fille, comment s'appelle-t-elle ?

Agathe (I got the blues).

Toto éternue. Sa maman lui dit :
« Tu pourrais mettre ta main devant la bouche !
– Bof, j'ai déjà essayé, mais ça ne m'empêche pas d'éternuer. »

LA DEVINETTE DE TOTO

Quel est le point commun entre un pâtissier et un ciel orageux ?

Tous les deux font des éclairs.

LA DEVINETTE DE TOTO

Qu'est-ce qui va de ville en ville sans jamais bouger ?

La route.

Toto est sur le point de partir en colonie de vacances. Sur le quai de la gare, sa mère lui dit :
« Tu penseras fort à moi ?
– D'accord ! Et pour ne pas oublier je le fais tout de suite ! »

LE COMBLE DE TOTO

Quel est le comble de la patience ?

Trier des petits pois avec des gants de boxe.

LA CHARADE DE TOTO

Mon premier peut être à main.
Mon deuxième est un peu bête.
Mon troisième n'est pas vrai.
Mon quatrième est là si on ne se brosse pas les cheveux.
Mon tout est un instrument à vent.

Saxophone (sac-sot-faux-nœud).

« Bonjour, mon garçon, je suis l'accordeur et je viens pour ton piano !
- J'ai bien un piano, oui, mais je n'ai rien demandé ! s'étonne Toto.
- Oui, je sais, ce sont tes voisins qui m'envoient ! »

Les pirates se disputent pour l'avoir...

La carte au trésor (la-car-t'-eau-treize-or).

LE MONSIEUR/MADAME DE TOTO

Monsieur et Madame VIÉ ont un fils, comment s'appelle-t-il ?

Jean (Janvier).

hihihi!

LA DEVINETTE DE TOTO

Que dit un citron quand il en arrête un autre ?

Plus un zeste !

Toto demande à Justine :
« Tu sais comment on dit "lapin" à un sourd ?
– Non. »
Toto se met alors à crier très fort :
« LAPIN !!! »

LA CHARADE DE TOTO

Mon premier est un métal précieux.
Mon deuxième est un ensemble de cadeaux.
Mon troisième est apprécié par les enfants.
Mon tout sert à regarder l'heure.

Horloge (or-lot-jeu).

Le maître s'adresse à tous les enfants :
« J'ai corrigé vos copies, et dans l'ensemble, elles sont bonnes.
Mais dis-moi Toto... Est-ce que ton père t'a aidé pour ton devoir ?
- Non, m'sieur !
- Tu en es sûr ?
- Oui, il l'a fait tout seul, j'en suis sûr ! »

LA CHARADE DE TOTO

Mon premier se situe entre 999 et 1001.
Mon deuxième est là où on dort.
On marche sur mon troisième.
Mon tout est un soldat.

Militaire (mille-lit-Terre).

Les gourmands en rêvent la nuit…

Un fondant au chocolat (un-fond-dent-eau-chaud-colle-a).

« Dis, Toto, lui demande sa maman, tu sais pourquoi le travail d'équipe est essentiel ?
– Oui, maman, car en cas d'erreur, ça permet d'accuser quelqu'un d'autre. »

LE COMBLE DE TOTO

Quel est le comble du magicien ?

Oublier sa baguette chez le boulanger.

LA DEVINETTE DE TOTO

Combien de gouttes d'eau peut-on mettre dans un verre vide ?

Une seule, car après le verre n'est plus vide.

QUI SUIS-JE ?

Je suis aussi difficile à trouver qu'à garder.
Découvre-moi et je n'existe plus !
Qui suis-je ?

Un secret.

« Toto, si tu as dix-huit bonbons et que Clara t'en prend la moitié, combien t'en reste-t-il ?
– Hein ? Qu'elle essaie, pour voir ! »

LE COMBLE DE TOTO

Quel est le comble pour un boulanger ?

Prendre de la brioche et servir ses clients à la vitesse de l'éclair.

LE MONSIEUR/MADAME DE TOTO

Monsieur et Madame HISSE ont un fils, comment s'appelle-t-il ?

Paul (police).

Toto se promène avec son papa, lorsque celui-ci demande à son fils :
« Toto, sais-tu ce qui est invisible et qui sent la carotte ?
– Euh, non ?
– Un pet de lapin ! »

LA CHARADE DE TOTO

Mon premier est le son que produit le serpent.
Mon deuxième est une file d'attente.
Mon troisième se boit souvent le matin.
Mon quatrième est un pronom.
Mon tout est une carcasse fragile.

Squelette (csss-queue-lait-te).

LA DEVINETTE DE TOTO

Comment Toto fait-il pour refroidir son chocolat ?

Il met du sucre glace !

Toto et sa petite sœur sont au zoo. Celle-ci lui demande :
« Dis Toto, pourquoi les flamants roses lèvent-ils une patte quand ils dorment ?
– Eh ben, parce que, parce que… parce que s'ils levaient les deux, ils tomberaient ! »

La tante de Toto lui demande :
« Toto, tu n'es pas trop triste que je parte demain ?
- Oh si, tatie, j'aurais préféré que tu partes aujourd'hui. »

LA DEVINETTE DE TOTO

Casimir, ça commence par un « C », mais normalement, ça commence par quelle lettre ?

Le mot « normalement » commence par un « n ».

LE COMBLE DE TOTO

Quel est le comble pour une araignée ?

Exposer ses toiles au Louvre.

HAHAHA !

« Dis papa, demande Toto, tu sais quel animal a le plus de dents ?
– Bien sûr, c'est le requin.
– Pas du tout !
C'est la petite souris ! »

LE MONSIEUR/MADAME DE TOTO

Monsieur et Madame TINE ont un fils, comment s'appelle-t-il ?

Clément (clémentine).

Toto tend un dessin à la maîtresse :
« Tenez, madame, je l'ai fait pour vous !
– Merci, Toto, c'est gentil, mais euh… qu'est-ce que ça représente ?
– Ce sont des Martiens, bien sûr !
– Des Martiens ? répond la maîtresse en souriant. Mais Toto, personne ne sait à quoi ils ressemblent !
– Eh bien maintenant, on le saura… »

QUI SUIS-JE ?

Je dispose de mon propre marché et même de mes cartes. Placée près d'une oreille, je t'aide à deviner. Qui suis-je ?

La puce.

LA CHARADE DE TOTO

Mon premier est le cousin de la souris.
Mon deuxième est le contraire de rapide.
Mon troisième est ce que je fais avec un pistolet.
Mon tout est le fait d'aller moins vite.

Ralentir (rat-lent-tir).

LA CHARADE DE TOTO

Mon premier est la couleur de la robe de la mariée.
Mon second tombe en hiver.
Mon tout est une princesse qui a été empoisonnée par une pomme.

Blanche-Neige (blanche-neige).

Réservé aux amoureux...

Un dîner aux chandelles (un-dix-nez-eau-chant-d'-aile).

LE COMBLE DE TOTO

Quel est le comble pour un joueur de pétanque ?

Avoir les boules.

LA DEVINETTE DE TOTO

Que trouve-t-on toujours entre ciel et terre ?

Le mot « et ».

LE MONSIEUR/MADAME DE TOTO

Monsieur et Madame TECOUCHÉHILÉDIZEURDUSOIR ont un fils, comment s'appelle-t-il ?

Phil (file te coucher il est dix heures du soir).

En plein match, Toto tombe et s'écorche le genou. Il va voir l'arbitre en pleurant :
« M'sieur l'arbitre ! M'sieur l'arbitre ! Je me suis fait mal !
- Où ça, Toto ?
- Là-bas ! »

LA CHARADE DE TOTO

Mon premier est la dix-neuvième lettre de l'alphabet.
Mon deuxième est un surveillant de lycée.
Mon troisième avance dans l'eau.
Mon tout est un genre de roman.

Espionnage (es-pion-nage).

Quelle est la princesse qui ne parle pas beaucoup ?

La belle au bois dormant
(la-bêêêh-l'-eau-bois-dort-ment).

L'institutrice demande aux élèves : « Quel est le meilleur moment pour cueillir des cerises ? »
Toto lève le doigt : « Quand le chien de la voisine est attaché, madame ! »

LE COMBLE DE TOTO

Quel est le comble pour un lavabo ?

Prendre la fuite quand le plombier arrive.

LA DEVINETTE DE TOTO

Dans un aquarium, il y a dix poissons ; cinq se noient. Combien en reste-t-il ?

Dix, car les poissons ne se noient pas.

hihihi!

hihihi!

LE MONSIEUR/MADAME DE TOTO

Monsieur et Madame TOVERSO ont un fils, comment s'appelle-t-il ?

Derek (des recto verso).

Toto prend l'avion pour la première fois.
Afin de le rassurer, l'hôtesse de l'air lui dit qu'il peut l'appeler quand il veut, mais que, de toute façon, tout ira bien.
Elle ajoute :
« Tiens, prends ce chewing-gum pour le cas où tes oreilles te feraient un peu mal au décollage ou à l'atterrissage. »
Le vol se passe très bien. Après que l'avion s'est posé, Toto appelle l'hôtesse :
« Merci pour le truc du chewing-gum, c'était radical. Par contre, vous n'auriez pas une combine pour le retirer facilement des oreilles ? »

Toto et sa petite sœur sont vraiment épuisants pour leur pauvre maman. Un jour, Toto lui demande :
« Maman, maman, tu voudras quoi pour ton anniversaire ?
– Deux enfants sages ! répond la mère, fatiguée.
– Ah super ! s'écrie Toto. On va être 4 à la maison, on va bien se marrer ! »

LE COMBLE DE TOTO

Quel est le comble pour un éléphant ?

Être sans défense.

Après avoir vu un documentaire sur les oiseaux, Toto demande à son père dans l'espoir de s'instruire :
« Papa, c'est quoi, un rapace ?
– C'est un oiseau qui passe et qui rapace ! »

LA CHARADE DE TOTO

Mon premier est une note de musique.
Mon deuxième est le contraire de moche.
Mon troisième est ce que l'on boit.
Mon quatrième est le synonyme de forêt.
Mon cinquième est un mot de la famille de dormir.
Mon tout se réveille avec un baiser.

La belle au bois dormant
(la-belle-eau-bois-dormant).

LA DEVINETTE DE TOTO

Que dit un pou pressé à sa femme ?

Qu'est-ce que tu peux être lente !

LE MONSIEUR/MADAME DE TOTO

Monsieur et Madame GNORER ont deux filles, comment s'appellent-elles ?

Ella, Cathy (elle a qu'à t'ignorer).

LE COMBLE DE TOTO

Quel est le comble pour un conducteur de train ?

Arriver sans crier gare.

LA CHARADE DE TOTO

Mon premier est un oiseau qui fait la roue.
Mon deuxième est un pronom possessif.
Mon troisième n'est pas court.
Mon tout est un vêtement.

Pantalon (paon-ta-long).

« Papa, papa ! J'ai appris à écrire aujourd'hui !
– Et qu'est-ce que tu as écrit ?
– Holà, attends un peu ! J'ai pas encore appris à lire ! »

Match de foot aujourd'hui !
L'entraîneur dit à Toto :
« Aujourd'hui, Toto, tu vas jouer avant.
– Pourquoi ?! Je ne peux pas jouer en même temps que tout le monde ? »

« Papa, tu ne vas pas me croire ! J'ai vu un groupe de dix personnes dans la rue, avec un seul parapluie pour tout le monde... Et aucun ne s'est fait mouiller !
– Dis donc, ça devait être un parapluie sacrément grand, Toto !
– Non pas du tout ! C'était un parapluie tout à fait normal.
– Mais alors comment expliques-tu ça ?
– C'est simple, il ne pleuvait pas ! »

La maîtresse demande à Toto :
« Qu'est-ce qu'un chiffre impair ?
– C'est un chiffre qui protège contre la pluie ? »

LA DEVINETTE DE TOTO

Quelle est la ressemblance entre Toto et le facteur ?

Les deux ont beaucoup d'adresses !

Toto a du mal à faire son exercice de maths.
La maîtresse tente de lui expliquer :
« Si tu plonges la main dans ta poche de droite et que tu trouves une pièce de 1 euro, et si tu plonges ta main gauche dans ta poche de gauche et que tu trouves un autre euro, qu'est-ce que tu auras ?
- Le pantalon de quelqu'un d'autre, madame. »

Glisser sur une peau de banane et…

Tomber dans les pommes.
(thon-b-dent-lait-pot-meuh).

LA CHARADE DE TOTO

La vache produit mon premier.
Mon deuxième est un chiffre impair.
Mon troisième est le contraire de grand.
Mon quatrième a une queue en tire-bouchon.
Mon tout est un conte.

Les trois petits cochons
(lait-trois-petit-cochon).

LE MONSIEUR/MADAME DE TOTO

Monsieur et Madame HUSSION ont un fils, comment s'appelle-t-il ?

Paul (pollution).

QUI SUIS-JE ?

Je peux tomber en poussière ou dans la folie. Je suis le blé, le sel et la terre.
Qui suis-je ?

Le grain.

LE COMBLE DE TOTO

Quel est le comble pour une clé ?

Être mise à la porte.

hihihi !

HAHAHA !

QUI SUIS-JE ?

Je porte des lunettes
et je ne peux pas me voir.
Qui suis-je ?

Un nez.

Immobile ou en mouvement,
j'ai la voix que tu me donnes...

La marionnette
(la-mât-riz-eau-nez-t').

LE MONSIEUR/MADAME DE TOTO

Monsieur et
Madame STICK ont une fille,
comment s'appelle-t-elle ?

Ella (élastique).

Le papa de Toto demande à son fils :
« Toto, tu as entendu parler du grand Zinedine Zidane ?
– Bien sûr, papa ! Il fait partie de l'équipe qui a remporté la Coupe du monde en 1998.
– Tu sais comment on appelle les tirs spéciaux de cet excellent joueur ?
– Euh... Non ?
– Les "z'inédits d'Zidane" ! »

HAHAHA !

LA CHARADE DE TOTO

Mon premier est la vingtième lettre de l'alphabet.
Mon second est le contraire de plus.
Mon tout est une personne importante dans un mariage.

Témoin (t-moins).

LE COMBLE DE TOTO

Quel est le comble pour un réparateur de fenêtres ?

Ne pas se tenir à carreau.

« Dis donc, Toto !
Tu sais ce qui arrive, quand on triche ?
– Facile, pépé, on gagne ! »

Toto et Lucas chipent des pommes dans le champ du père Mathieu. Tout à coup, le propriétaire des lieux sort, furieux, pour attraper les deux voleurs. Toto, sans sourciller, enlève son sac à dos et en sort une paire de baskets, qu'il enfile calmement. Lucas, étonné par son manège, lui demande :
« Tu crois qu'avec ça, tu courras plus vite que le père Mathieu ?
– Non ! Mais je sais qu'avec, je courrai plus vite que toi ! »

La mère de Toto explique à son fils :
« Dans la vie, il faut te défendre avec les mêmes armes que ton ennemi.
– Facile à dire ! Tu as déjà essayé de piquer un moustique ? »

LE COMBLE DE TOTO

Quel est le comble pour un footballeur ?

Ne pas avoir de but dans sa vie.

Toto demande à son ami :
« Qu'est-ce qui est capable de monter en haut d'un arbre de trente mètres, mais qui se noie dans un verre d'eau ? »
Une fourmi !

« Docteur, dit Toto, je me suis cassé une dent avec la fève de la galette...
– Eh bien, Toto, puisque tu es le roi, je vais la couronner ! »

QUI SUIS-JE ?

Je marche en restant immobile.
Je m'arrête sans avoir bougé.
Bien que jamais je ne descende,
il faut toujours me remonter.
Qui suis-je ?

Un réveil.

LE MONSIEUR/MADAME DE TOTO

Monsieur et Madame MARIE ont un fils, comment s'appelle-t-il ?

Aubin (au bain-marie).

Comme Toto n'aime pas se laver, sa mère le met de force sous la douche.
Un jour, à l'école, la maîtresse s'exclame :
« Comme tu as grandi, Toto !
– Forcément, on m'arrose tous les jours ! »

LA DEVINETTE DE TOTO

Quelles sont les lettres de l'alphabet les plus fatiguées ?

HS (hors-service).

Toto a une jambe dans le plâtre. Il se confie à son copain Julien qui est venu le voir :
« Après mon accident de vélo, le docteur m'a rassuré. Il m'a dit que dans un mois je pourrais danser le rock !
Tu te rends compte ?
C'est génial, car avant mon accident, je ne savais pas du tout danser ! »

« C'est lamentable, Toto. Tu sais à peine compter jusqu'à dix ! Mais que vas-tu devenir ?
– Ben, arbitre de boxe... »

LE COMBLE DE TOTO

Quel est le comble pour un cuisinier ?

Chanter comme une casserole.

QUI SUIS-JE ?

Je sers à la fois à jouer mais aussi à te repérer.
Sur table, je dis la vérité.
Qui suis-je ?

La carte.

Toto rentre du jardin où il jouait avec son ballon de foot.
« Papa ! Maman ! Vous qui vous demandiez quand vous alliez faire connaissance avec les nouveaux voisins, je peux vous dire que c'est pour dans deux minutes ! »

Elles sont pleines de bulles, mais ce n'est pas grâce au savon…

Les bandes dessinées (lait-banc-deux dés-six-nez).

LA CHARADE DE TOTO

Mon premier est le contraire de tard
Mon deuxième est le contraire de vilain.
Mon troisième protège les mains.
Mon tout amuse les enfants.

Toboggan (tôt-beau-gant).

LE COMBLE DE TOTO

Quel est le comble pour un prof de musique ?

Mettre des mauvaises notes à ses élèves.

« Papa, est-ce que les maîtresses d'école sont payées ?
– Bien sûr Toto !
– Mais pourtant c'est nous qui faisons tout le travail ! »

LA DEVINETTE DE TOTO

Peux-tu citer trois jours consécutifs sans prononcer les mots lundi, mardi, mercredi, jeudi, vendredi, samedi et dimanche ?

« Hier », « aujourd'hui » et « demain » : ce sont bien trois jours consécutifs.

« Dis papa, demande Toto, tu sais quel est l'animal le plus sourd au monde ?
– Bien sûr, ce sont les reptiles ou les poissons.
– Pas du tout ! C'est la grenouille parce qu'elle dit toujours : "Quoi ? Quoi ?" »

Que cries-tu à la veille du week-end ?

Chouette, pas d'école demain !
(chouette-pas-dé-colle-deux-main).

LE MONSIEUR/MADAME DE TOTO

Monsieur et Madame ZARELLA ont une fille, comment s'appelle-t-elle ?

Maude (mozzarella).

QUI SUIS-JE ?

Je suis deux dans l'année, tout seul au début de la nuit et absent de tout le jour. Qui suis-je ?

La lettre N.

LE COMBLE DE TOTO

Quel est le comble de la politesse ?

S'asseoir sur son derrière et lui demander pardon.

En fin d'après-midi, Toto rentre à la maison après son cours d'équitation :
« Eh bien, Toto, où étais-tu passé ? s'inquiète son père.
– Je rentre de promenade !
– À cheval ?
– Bah, on est partis ensemble, mais le cheval est rentré deux heures avant moi ! »

Au cours d'un contrôle d'anglais, Toto chuchote à son voisin de table :
« Qu'est-ce que ça veut dire "I don't know" ?
– Je ne sais pas.
– Hélas ! Moi non plus. »

hihihi! hihihi!

LA CHARADE DE TOTO

Mon premier a six faces la plupart du temps.
Mon deuxième est gentil.
mon troisième aussi.
Mon quatrième est une plante décorative à Noël.
Mon cinquième est un premier chiffre au féminin.
Mon sixième guide les navires la nuit.
Mon septième est un pronom réfléchi.
Mon tout se prononce à Halloween !

Des bonbons ou une farce ?
(Dé-bon-bon-houx-une-phare-se).

LE COMBLE DE TOTO

Quel est le comble pour une girafe ?

Être victime d'un coup monté.

hihihi !

LE MONSIEUR/MADAME DE TOTO

Monsieur et Madame PILLE ont un fils, comment s'appelle-t-il ?

Thor (torpille).

LA DEVINETTE DE TOTO

Quels bruits font les Esquimaux quand ils boivent ?

Igloo, igloo, igloo...

QUI SUIS-JE ?

Je dois manger pour vivre,
mais si je bois je meurs.
Qui suis-je ?

Le feu.

Dans un train, le contrôleur annonce à Toto :
« Toto, ton billet n'est pas valable dans ce train à grande vitesse.
– Eh bien, dites au conducteur de ralentir, je ne suis pas pressé. »

Toto rentre d'un match de foot qui a viré à la foire d'empoigne. Il est couvert de bleus, de bosses, il n'a pas fière allure !
Son père lui demande :
« Dis donc, ce n'est pas un match de foot que tu as disputé, mais de boxe ! Que s'est-il passé ?!
– C'est le capitaine de l'équipe adverse qui m'a frappé…
– Tu saurais le reconnaître, si tu le revoyais ?
– J'pense bien ! J'ai une de ses oreilles dans ma poche. »

« Toto ! Je t'ai déjà dit cent fois de ne pas te servir tout seul, tu as une langue non ?
– Oui, maman… Mais mon bras est plus long ! »

LE MONSIEUR/MADAME DE TOTO

Monsieur et Madame TONDAIPAR ont deux filles, comment s'appellent-elles ?

Elsa, Rose (elles arrosent ton départ).

Un génie lumineux !

Aladdin ou la lampe merveilleuse
(a-la-d'-un-houx-la-lent-p'-œufs-mer-v-yeux-z').

QUI SUIS-JE ?

Premier à débarquer quand je sens le danger, tandis que mes cousins dansent à l'opéra, je traîne dans les bibliothèques.
Qui suis-je ?

Le rat.

Demain, canicule, annonce-t-on à la radio. Il fera au moins 29° à l'ombre.
« Tu as entendu, Arthur, dit Toto, demain, il vaudra mieux ne pas rester à l'ombre ! »

Toto n'a pas l'air bien.
Sa mère lui demande
ce qu'il a :
« Beuh, on jouait
avec Justine à qui
mangerait le plus de bonbons
et j'ai gagné... »

LA DEVINETTE DE TOTO

Pourquoi Toto répond toujours à l'écho ?

Parce qu'il veut toujours avoir le dernier mot...

Toto et son papa sont arrêtés à un feu rouge.
Toto dit à son papa :
« C'est vert. »
Pas de réponse. Toto répète :
« C'est vert. »
Toujours pas de réponse. Toto insiste :
« Je te dis que c'est vert ! »
Son papa répond enfin en soupirant :
« Mais, je ne sais pas moi,
une grenouille ? »

La remplaçante de la maîtresse de Toto dit à celui-ci :
« Dis donc toi, le petit blond aux yeux bleus, tu ne dois rien entendre de ce que je dis puisque tu n'arrêtes pas de bavarder. Rappelle-moi ton prénom ?
– Je m'appelle Toto, ça fait trois fois que je vous le dis et vous ne l'avez toujours pas retenu. Moi, je sais que vous vous appelez Blanche. Alors, vous pouvez me dire qui c'est qui n'écoute pas, hein ? »

LE COMBLE DE TOTO

Quel est le comble du médecin ?

Examiner un crayon pour voir s'il a bonne mine.

Un prêtre se rend chez Toto et lui dit :
« Je suis venu t'apporter la lumière. »
Alors Toto dit à sa mère :
« Maman, c'est l'électricien ! »

LE COMBLE DE TOTO

Quel est le comble pour un informaticien ?

Avoir peur des souris.

Ave César !

La Rome antique
(la-r'-ecu-m'-an-tea-queue).

QUI SUIS-JE ?

Dans la maison, j'entre toujours par la porte et je sors toujours la dernière. Qui suis-je ?

La clé.

LE MONSIEUR/MADAME DE TOTO

Monsieur et Madame DONCTOILABA ont un fils, comment s'appelle-t-il ?

Eddy (eh, dis donc, toi là-bas).

HAHAHA !

« Maman, est-ce que j'ai le droit de dire "chiotte" ? demande Toto.
– Non, Toto, c'est un vilain mot.
– Alors, comment je fais pour dire un bébé chien qui est une fille ? »

Toto rentre d'un match de foot.
Son équipe a perdu, et il est triste.
Il demande à sa maman :
« Maman, tu peux m'emmener chez le coiffeur ?
– Si tu veux, mais pourquoi maintenant Toto ?
– Au moins, je serai sûr d'avoir une coupe ! »

Toto fête son anniversaire à l'école et souffle ses bougies avec tous ses copains.
« Toi aussi, maîtresse, tu souffles tes bougies quand c'est ton anniversaire ?
– Bien sûr, Toto, répond la maîtresse.
– Ben dis donc… ça doit te coûter cher en bougies ! »

QUI SUIS-JE ?

Je suis tout autour de toi
et pourtant tu ne me vois pas.
Qui suis-je ?

L'air.

LE MONSIEUR/MADAME DE TOTO

Monsieur et Madame TÈRERÉSOLUS ont une fille, comment s'appelle-t-elle ?

Démis (des mystères résolus).

Toto dit à son voisin :
« Monsieur, savez-vous que votre chien aboie toute la nuit ?
– Oh, ça ne fait rien, il dort toute la journée. »

LA DEVINETTE DE TOTO

Quelles sont les lettres les plus vieilles de l'alphabet ?

A.G. (âgé).

LA CHARADE DE TOTO

Mon premier est le nombre de couleurs de l'arc-en-ciel.
Ma deuxième fait voler l'oiseau.
Mon troisième est onzième dans l'alphabet.
Mon quatrième se fête le 26 septembre.
Mon cinquième tient le haut du panier.
Ma sixième orne le jardin.
Mon tout est ce que dit Toto avant d'être puni.

C'est elle qui a commencé !
(sept-aile-K-Côme-anse-haie).

LE COMBLE DE TOTO

Quel est le comble pour un Égyptien ?

Avoir un papy russe (papyrus).

QUI SUIS-JE ?

On est couchés
quand tu es debout,
et on est debout
quand tu es couché.
Qui sommes-nous ?

Les pieds.

Toto avoue à sa copine Justine : « Je rêve de devenir grand footballeur professionnel, comme papa !
– Tu ne m'avais pas dit que ton père était footballeur professionnel !
– Non, non, mais il en rêve lui aussi ! »

LE MONSIEUR/MADAME DE TOTO

Monsieur et Madame FEIMAL ont une fille, comment s'appelle-t-elle ?

Aïcha (aïe, ça fait mal).

En colonie de vacances, Toto écrit une lettre à ses parents : « Chair papa, chair mammen, je vou anbrace otan 2 foi kil ya de fote dortograf den ma letre »

Dans l'avion, un homme qui revient des toilettes est rouge de colère et le fait savoir à Toto qui lui a pris sa place côté hublot. « Ben quoi ? répond Toto, je pensais que vous étiez descendu. »

La maman de Toto discute avec une autre maman à la sortie de l'école :
« Votre fils Toto apprend à jouer du piano, votre fille apprend le trombone et votre mari apprend le chant, c'est merveilleux ! Et vous, qu'apprenez-vous ?
– À supporter le bruit... »

J'ai peint le plus célèbre tableau du Louvre.

Léonard de Vinci (lait-eau-n'-art-deux-vingt-scie).

QUI SUIS-JE ?

Je parle toutes les langues et j'ai tout le temps la tête à l'envers. Qui suis-je ?

Le stylo.

Toto est au restaurant avec sa maman. Celle-ci a remarqué que la viande de son fils était beaucoup trop cuite.
« Garçon ! s'écrie-t-elle. Ce steak est immangeable ! Appelez-moi le patron !
– Tu sais maman, je pense qu'il n'y arrivera pas lui non plus ! » intervient Toto.

LE MONSIEUR/MADAME DE TOTO

Monsieur et Madame KUZBIDON ont un fils, comment s'appelle-t-il ?

Alex (ah l'excuse bidon).

Toto repousse sa petite sœur :
« Non, tu n'auras pas de bonbons ! Toi, tu ne me donnes jamais rien...
– Menteur ! Le mois dernier, je t'ai donné la varicelle ! »

« Maman, pourquoi on est en colère pendant les vacances ? demande Toto.
– Mais non, Toto, en général, on est plutôt détendu pendant les vacances.
– Mais c'est toi qui parles toujours de la colère des vacances, insiste Toto, j'invente pas, tu parles tout le temps des vacances-colère. »

HAHAHA !

Toto raconte à sa copine Léa :
« Ma mère ne croit plus aux mathématiques.
– Ah oui, comment ça ?
– Elle ne comprend pas comment elle a pu prendre 5 kilos en mangeant une boîte de chocolats de 2 kilos ! »

Plein de guirlandes !

Le sapin de Noël
(l'-œufs-sa-pain-deux-n'-eau-aile).

Toto est en visite chez une vieille amie de sa maman.
« Qu'il est beau ce petit garçon ! Il a les yeux de sa mère et le nez de son père !
– Ouais, et le slip de mon grand frère, aussi ! » répond Toto.

Toto demande à son père :
« Papa, tu continues à grandir ?
– Non, pourquoi ?
– Parce que ton crâne dépasse de tes cheveux. »

QUI SUIS-JE ?

J'exige que l'on me réponde mais je ne pose pas de questions. Qui suis-je ?

Le téléphone.

« Toto, tu connais l'histoire du pêcheur qui a attrapé un saumon avec un chapeau ?
- Eh, papa, tu me fais marcher ! Les saumons ne portent jamais de chapeau ! »

Toto et son père pêchent dans un lac protégé. Un gendarme intervient : « Il est interdit de pêcher ici, messieurs.
- Mais, on ne pêche pas monsieur l'agent, on apprend à nager à notre ver de terre ! »

HAHAHA ! HAHAHA !

Toto et ses copains parlent foot. Justine affirme, sûre d'elle :
« Tout de même, c'est l'arbitre la personne la plus importante du match, non ?
- Non, c'est le gardien ! répond Toto.
- Pourquoi ? demandent les autres enfants.
- Parce que c'est lui qui prend les choses en main ! »

LE COMBLE DE TOTO

Quel est le comble pour un jardinier ?

Se prendre un râteau.

LE MONSIEUR/MADAME DE TOTO

Monsieur et Madame TERANNÉE ont un fils, comment s'appelle-t-il ?

Mehdi (Méditerranée).

QUI SUIS-JE ?

Je fais le tour du bois sans jamais y entrer. Qui suis-je ?

L'écorce.

Toto entre dans un magasin de musique :
« Bonjour ! Je voudrais acheter l'accordéon, là-bas ! »
Le marchand éclate de rire, et répond :
« Tu sais, je ne sais pas si j'arriverai à détacher ce radiateur du mur ! »

Justine aime Toto en secret et décide d'avouer son amour à celui-ci. Elle sonne à sa porte.
« Qui est là ? demande Toto.
- C'est l'amour de ta vie ! ose Justine.
- N'importe quoi ! Le chocolat, ça ne parle même pas ! »

LA DEVINETTE DE TOTO

Quel est le point commun entre un portable déchargé et un judoka ?

Les deux cherchent une prise.

Deux enfants discutent :
« La caféine, ça énerve...
- C'est vrai que le matin maman est énervée tant que papa traîne parce qu'il n'en a pas encore pris. »

En classe, la maîtresse demande à Toto combien font 8 x 9.
Toto lui répond :
« Ah non... Si vous ne savez pas, faut pas compter sur moi pour vous donner la réponse ! »

hihihi !

QUI SUIS-JE ?

Ma monture n'a pas de cavalier, mes branches sont sans fleurs et mes deux verres impossibles à remplir. Qui suis-je ?

Une paire de lunettes.

LE COMBLE DE TOTO

Quel est le comble pour un cycliste ?

Avoir un coup de pompe.

Je porte bonheur, et on me trouve dans les écuries.

Le fer à cheval
(l'-œuf-r'-hache-œufs-val).

Toto entre dans une boulangerie miteuse et demande au boulanger :
« Je voudrais des bonbons, que me recommandez-vous, en toute confiance ?
– Une autre boulangerie, Toto. »

QUI SUIS-JE ?

J'ai une serrure mais pas de porte. Qui suis-je ?

Le cadenas.

« Mais Toto, ton parapluie est plein de trous !
– Oui je sais ! C'est pour savoir s'il pleut ou pas ! »

La maîtresse demande à ses élèves de faire une rédaction et de raconter un match de football comme un journaliste sportif. Une demi-heure plus tard, elle ramasse les copies et s'aperçoit que Toto n'a écrit qu'une seule ligne :
« Temps pluvieux. Terrain impraticable. Match annulé. »

Toto arrive en retard à l'école.
« Eh bien, Toto, demande la maîtresse, quelle excuse invraisemblable vas-tu nous trouver cette fois ?
– C'est pas ma faute, m'dame ! Ce matin, dans la salle de bains, j'ai marché sur mon tube de dentifrice et mon père n'a pas voulu que je quitte la maison avant d'avoir tout fait rentrer dedans ! »

Jack Sparrow...

Pirate des Caraïbes
(pie-rat-t'-œufs-dé-k'-rat-i-b'-œufs).

QUI SUIS-JE ?

On m'entend, mais on ne me voit pas.
Qui suis-je ?

La voix.

« Paul, dit Toto, est-ce que tu connais la différence entre un marteau, un manteau et une semaine ?
– Ben... Non !
– C'est facile : le marteau a un manche, le manteau a deux manches et la semaine di(x)... manche(s) ! »

Toto dit à sa sœur :
« Pour la fête des Mères cette année, je lui recopie exactement le même poème que je lui avais fait l'an dernier.
– Mais pourquoi ?
– Pour lui montrer que mes sentiments pour elle n'ont pas bougé d'un poil ! »

Toto accompagne sa maman pour acheter des vêtements.
Celle-ci demande à une vendeuse :
« Je peux essayer le pantalon dans la vitrine ? »
Toto intervient : « Tu ne préfères pas l'essayer dans une cabine, maman ? »

LE MONSIEUR/MADAME DE TOTO

Monsieur et Madame RATON ont une fille, comment s'appelle-t-elle ?

Candy (qu'en dira-t-on).

LA CHARADE DE TOTO

Mon premier laisse des traces dans la neige.
Mon deuxième est à toi.
Mon troisième est un dessert à base de pâte et peut être aux fraises, aux pommes...
Mon quatrième est la neuvième lettre de l'alphabet.
Mon cinquième est au milieu du visage.
Toto raffole de mon tout au petit déjeuner !

Pâte à tartiner (pas-ta-tarte-I-nez).

Toto demande à son père : « Papa, tu es capable d'écrire dans le noir ?
- Oui, bien sûr, dit fièrement son papa.
- Alors prouve-le moi en signant mon bulletin de notes ! »

LE COMBLE DE TOTO

Quel est le comble pour un navigateur ?

Avoir un coup de barre.

QUI SUIS-JE ?

Je suis une plaisanterie très utilisée en cuisine. Qui suis-je ?

La farce.

LA DEVINETTE DE TOTO

Comment appelle-t-on un chat qui tient une épée ?

Un chamouraï !

LA CHARADE DE TOTO

Mon premier est une céréale.
Mon deuxième est non en anglais.
Mon troisième est la troisième lettre de l'alphabet.
Mon quatrième est un prénom masculin.
Mon tout est un animal.

Rhinocéros (riz-no-c-Ross).

Alceste, Rufus et...

Le petit Nicolas
(l'-œufs-p'-œufs-tea-nid-colle-a).

QUI SUIS-JE ?

Nous sommes de trois familles différentes. Nos activités favorites consistent à déchirer, couper et écraser. Pourtant, nous naissons blanches comme neige. Qui sommes-nous ?

Les dents.

LA DEVINETTE DE TOTO

Quelle est la différence entre un instituteur et un thermomètre ?

Aucune, on tremble toujours quand il marque un zéro.

LE MONSIEUR/MADAME DE TOTO

Monsieur et Madame NOUVITE ont une fille, comment s'appelle-t-elle ?

Marion (marions-nous vite).

Toto s'est gentiment proposé d'aller chercher les desserts que sa maman avait préparés pour le dîner. Mais il tarde à revenir.
« Eh bien, Toto, demande son père, elles arrivent, ces crèmes renversées ?
– Oui papa, je les ramasse ! »

En sortant de chez lui, Toto croise son voisin, très énervé :
« Dis donc, Toto, tu ne m'as pas entendu frapper contre le mur de ta chambre, cette nuit ?
– Non, m'sieur, mais ne vous inquiétez pas, vous ne m'avez pas dérangé parce que moi aussi, je faisais pas mal de bruit ! »

LE COMBLE DE TOTO

Quel est le comble pour une brosse à dents ?

Être de mauvais poil.

LA DEVINETTE DE TOTO

Que dit un hibou à sa femme le jour de l'an ?

« Je te chouette une bonne année ! »

LE MONSIEUR/MADAME DE TOTO

Monsieur et Madame ZOUDANLCOU ont une fille, comment s'appelle-t-elle ?

Debby (des bisous dans le cou).

hihihi !

QUI SUIS-JE ?

Je fais de l'air et, si on m'ajoute un pou, je chasse les oiseaux. Qui suis-je ?

L'éventail (épOUvantail).

Toto est à la plage avec ses parents. Ceux-ci sont déjà dans l'eau et font signe à Toto de venir.
« Viens Toto ! Elle est un peu froide au début, mais après on s'habitue et elle est bonne !
– Oui, eh bien je préférerais venir après, alors ! »

La maman de Toto vient d'accoucher d'une jolie petite fille. Le papa explique alors à son fils : « Cette nuit, Toto, un ange est venu t'apporter un petite sœur. Veux-tu la voir ? – Nan, j'veux voir l'ange ! »

hihihi !

QUI SUIS-JE ?

Vous pouvez m'attraper, mais pas me lancer. Qui suis-je ?

Un rhume.

LE MONSIEUR/MADAME DE TOTO

Monsieur et Madame NERVE ont une fille, comment s'appelle-t-elle ?

Aimée (elle m'énerve).

LE COMBLE DE TOTO

Quel est le comble pour un chausson ?

Écraser une pomme.

Tu me pousses ?

J'aime faire de la balançoire.
(J'–haie–meuh–fée–r'–deux–la–balle–an–s'–houx–art).

LA DEVINETTE DE TOTO

Pourquoi Toto a-t-il le nez aplati ?

Il courait derrière une voiture arrêtée...

hihihi !

les Bandes Dessinées de TOTO

HAHAHA !

HAHAHA !

Qu'est-ce qu'il fait comme métier ton papa ?
Il est guitareur.
Ah non, on dit « guitariste », mon petit.
Et toi, que fait ton papa ?
Labouriste, m'dame.
Mais non, voyons, on dit « laboureur » !
Et toi Toto, connais-tu le métier de ton papa ?
Avec tout ça, je ne sais plus s'il est mineur ou ministre.

Toto et son papa sont perdus dans la forêt...
Je meurs de soif !
Il faut sucer des cailloux quand on a soif.
Non ! Ce qu'il faut, c'est trouver une rivière.
Ah oui, pas bête ! Dans une rivière il y a toujours des cailloux !

C'est la fête de fin d'année à l'école.
Il y a de la musique.

Toto, à qui est ce stylo ?
C'est mon mien !
Mais non, Toto : « C'est le mien »
Non madame, c'est mon mien !
Voyons, « C'est le mien »
Bon d'accord, je vous le donne.

Il ne faut pas pêcher ici, il n'y a aucun poisson !
Il ne faut pas pêcher ici, il n'y a pas de poisson !
Mais qui est-ce qui parle ?
Le directeur de la patinoire !

Toto, Benjamin et Amandine se sont donné rendez-vous sur le terrain vague, à la nuit tombée pour admirer ensemble les étoiles. Mais l'endroit est gardé par le père Gustave, qui n'est pas bien commode.
Pas de panique les amis, regardez comment on passe.
Holà, qui va là ?
Miaou !
Ah, ça va.
À moi.
Holà, qui va là ?
Miaou !
Ah, ça va.
C'est mon tour.
Holà, qui va là ?
Euh... C'est le chat !

Alors Toto, toujours malade ?
Ouais, le médecin m'a conseillé de boire du jus de carotte glacé après un bon bain chaud...
Et alors, ça marche ?
Je ne sais pas, je n'ai jamais encore réussi à boire entièrement le contenu de la baignoire.

STUDIO
Regarde, c'est Dorothée ! Je vais lui demander un autographe.
Bonjour Dorothée, vous pouvez me faire cinq autographes ?
Oh, tu dois être un grand fan de moi, toi, mon petit.
Non, non, pas tant que ça...
Alors, pourquoi en veux-tu cinq ?
Parce qu'on m'échange cinq autographes de Dorothée contre un de Kenji...

Bonjour, je voudrais des graines pour oiseaux.
Quel genre d'oiseau ?
Je ne sais pas, je veux juste en faire pousser un.

Ouah, que cette fleur est belle !
FLEURISTE
N'est-ce pas, Toto ? Elle appartient à la famille des « seringats ».
FLEURISTE
Ah bon ? Alors, c'est vous qui leur gardez quand ils sont en vacances ?

Maman, c'est vrai qu'on devient poussière en mourant ?
Euh, oui, mon fils, c'est la vérité…
Alors, viens maman, il faut que je te montre quelque chose de très important !
AMBRE DE TOTO
Regarde, il y a un mort sous mon lit !

Dis papa, comment ça se fait que les barques flottent sur l'eau au lieu de couler ?
Oh ça, j'en sais rien, Toto...
Dis papa, comment font les poissons pour respirer sous l'eau ?
Euh... Je ne sais pas, fiston...
Dis papa, pourquoi le ciel est bleu ?
Aucune idée, Toto.
Papa, ça ne t'embête pas si je te pose toutes ces questions ?
Bien sûr que non, Toto : si tu ne posais aucune question, tu n'apprendrais jamais rien !

À la campagne, tu sais, j'ai vu une machine d'enfer. Tu lui mets un kilo d'herbe et il en ressort un kilo de laine !
Cool ! Comment ça s'appelle ?
Un mouton.

Je me suis retrouvé coincé entre un tigre et un éléphant, je ne pouvais plus rien faire ! Heureusement, j'ai vu un hélicoptère, et je suis monté dedans !
N'importe quoi !
Mais si ! Même que ma mère m'a payé un autre tour de manège !
EPICERIE
EPICERIE
Je voudrais un kilo de pommes de terre, s'il vous plaît, monsieur.
Des grosses ou des petites, mon petit ?
Petites, ça sera plus facile à porter !

Je n'ai pas envie de manger mes épinards.
Mais si, ça donne de bonnes couleurs aux joues.
C'est pour ça ! Je n'ai pas envie d'avoir les joues vertes !

Salut, Gilles, ça va ? Dis donc, t'as grandi, et maigri aussi !
?
Et tu portes des lunettes maintenant ?
?
Et tu as les cheveux frisés aussi ?
Mais, je ne m'appelle pas Gilles !
Ah bon ! T'as même changé de prénom ?!

Rien de grave. Il lui faut juste un peu de compagnie.
Ah, d'accord, je vais le mettre dans ma chambre pour qu'il ne soit plus seul.
Oui, mais il y a l'odeur !
Ah, ça ? Il va falloir qu'il s'y fasse !

Toto, est-ce que tu travailles bien à l'école ?
Oh oui !
Alors, combien font deux et deux ?
Quatre !
Très bien, voilà quatre bonbons !
Je me suis trompé, grand-mère... En fait, ça fait huit !

DOCTEUR
Bonjour, comment t'appelles-tu ?
Toto.
Très bien, Toto. Tu peux me donner ta date de naissance, s'il te plaît ?
Le 15 juillet.
Quelle année ?
Chaque année !

Toto arrive en retard en classe.
Pourquoi es-tu en retard, Toto ?
C'est parce que je rêvais d'un match de foot, m'dame !
Je ne vois pas le rapport avec ton retard !
Eh bien, comme il y avait match nul, ils ont dû jouer les prolongations !

SALON DE L'AGRICULTURE
CHAROLAISES
Dans ma ferme, j'ai un troupeau de cinq mille bêtes à cornes !
CHAROLAISES
Eh ben, ce n'est pas trop difficile à nourrir ?
Mais non mon garçon, j'élève des escargots...

Allô ? Bonjour !
Bonjour... Qui est à l'appareil ?
Ben, c'est moi, Toto !
Oh, pardon, mon chaton, je ne t'avais pas reconnu.
Normal, mamie ! Je me suis fait couper les cheveux !

Elle est super, papa !
De quoi tu parles Toto ?
Mamie, elle est vraiment gentille de m'avoir acheté cette voiture télécommandée !
Elle t'aime beaucoup, Toto !
Moi aussi je l'aime beaucoup, je l'aime tellement que plus tard je veux me marier avec elle !
Tu es tombé sur la tête Toto, tu ne penses quand même pas te marier avec ma mère ?
Et pourquoi pas ? Tu t'es bien marié avec la mienne !

Dis, on se mariera quand on sera grands, Toto ?
Avec toi ? Tu rigoles, c'est impossible !
Tu me trouves moche ?
Non, c'est pas ça, mais chez nous, on ne se marie qu'en famille : mon père avec ma mère, mon oncle avec ma tante, mamie avec papy...

Je me suis fait mal au dos !
Hum... on dirait bien que tu es tombé près des vertèbres.
Pas du tout, je suis tombé près de la forêt !

Toto, pourquoi sèmes-tu des miettes de pain sur notre paillasson ?
Il paraît que ça éloigne les tigres, maman.
Mais il n'y a pas de tigre dans notre ville.
C'est normal, maman ! Puisque j'ai semé des miettes de pain ! Tu vois que ça fonctionne !

Qu'est-ce que vous faites ?
Je mets du fumier sur les fraises...
Tiens, c'est bizarre... Moi, je mets plutôt du sucre !

1, 2, 3, 4, 5...
425, 426, 427, 428...
695, 696, 697, 698, 699...
795, 796, 797, 798, 799...
995, 996, 997, 998, 999...
Au secours, il y a un mille-pattes dans les toilettes !

Hier soir, j'ai réussi à faire mettre à genoux une grosse brute hyper musclée, un vrai mastodonte !
Mais comment tu as fait ?
Ben, je m'étais glissé sous une voiture…

Papa, est-ce que je pourrais avoir 2 euros, s'il te plaît ?
C'est pour qui ?
C'est pour une vieille dame.
Ah ! C'est très bien de vouloir aider les personnes âgées.
Et où est-elle cette vieille dame ?
Là-bas, au coin de la rue, elle vend des glaces !
GLACES

Alors Toto que deviens-tu ?
J'écris.
Eh bien, tu ne dois pas te sentir seul !
Pourquoi ?
Parce que l'orthographe et toi, ça fait deux !

Maman, tu sais que je peux éteindre un incendie rien qu'avec ma bouche ?
Allons bon, et comment t'y prendrais-tu, Toto ?
Eh bien, j'appellerais les pompiers !

Toto, voudrais-tu aller au tableau, nous montrer sur la carte géographique où se situe l'Amérique ?

Maintenant que vous savez tous où se trouve l'Amérique, pourriez-vous me dire qui l'a découverte ?
C'est Toto !

LA FERME DE TOTO
J'ai un recommandé pour ton papa ! Où est-il ?
Il est dans la porcherie, monsieur...
OK, j'y vais.
Vous le reconnaîtrez facilement, c'est le seul qui porte un chapeau !

Eh, Toto ! Si je me coupais le nez, je ne sentirais plus rien ?
Euh, je pense que oui.
Et si je me coupais les oreilles, je deviendrais sourd ?
Pas sûr, Manu ! Mais tu n'y verrais plus rien !
Ah bon, pourquoi ?
Ben, parce que ta casquette te tomberait sur les yeux...

Qui connaît des familles d'instruments de musique ?
Il y a les instruments à vent.
Il y a peut-être aussi les instruments après ?

MENU UNIQUE
Garçon ! Vite, remportez-moi immédiatement cette langue de veau.
Mais monsieur, c'est plat unique, ici.
Je ne vais pas me forcer, tout de même ! Je n'aime pas ce qui sort de la bouche des animaux, c'est sale !
Je vais voir ce que je peux faire en cuisine.
Non, attendez, regardez, donnez-moi plutôt cet œuf !

Je ne veux plus t'entendre prononcer de tels gros mots !
Mais maman, même Molière les utilise !
Eh bien, je ne veux plus que tu le voies !

Joyeux anniversaire, mamie !
Merci, mon petit.
Oh, je ne trouve pas les mots tellement je suis heureuse !
Un ramasse-miettes électrique, merci beaucoup.
Alors à ton prochain anniversaire, t'auras un dictionnaire, comme ça tu pourras trouver les mots !

Papa, il est quelle heure ?
Il est 17 h 30, Toto.
Sœurette, il est quelle heure ?
Il est 17 h 40, Toto.
Mamie, il est quelle heure ?
Il est 18 h, Toto.
Vous pourriez vous mettre d'accord dans cette famille ! Je vous pose la question et vous ne me répondez jamais la même chose. En plus, ce matin, maman m'a aussi répondu tout autre chose !

Est-ce que tu fais bien ta prière tous les soirs, mon petit ?
Oh, non ! C'est ma mère qui la fait.
Ah bon ? Mais que dit-elle ?
Enfin, il est au lit. Merci, mon Dieu.

Dis papa, moi, je suis né à Paris, non ?
Oui, Toto.
Et maman, c'est vrai qu'elle est née à Lille ?
Euh... oui, Toto.
Et toi, tu m'as bien dit que tu étais né à Bordeaux ?
Oui, Toto !
C'est quand même marrant qu'on se soit rencontrés tous les trois !

Quand je serai grande, je me marierai avec monsieur le curé.
Mais voyons, ce n'est pas possible. Les curés ne se marient pas !
Mais d'où viennent les enfants de chœur, alors ?

CRAC
Toto ! Tu viens encore de casser quelque chose ?
Oui, maman ! Mais cette fois, j'ai eu de la chance !
Comment ça, de la chance ?
Ben, j'ai cassé les assiettes... avant de les laver !

Ouf, je n'en peux plus. J'ai bien cru qu'on n'y arriverait jamais !
Ouais ! Surtout que c'était une sacrée pente.
C'est clair ! Même que si je n'avais pas freiné, on redescendait !
Heureusement qu'on y a mis toute notre énergie !
???

J'ai une super idée, sœurette. On va jouer au jeu de la porte, tu connais ?
Euh non… Non… c'est quoi ?
Moi, je ferme ma porte et toi, tu la fermes…

Ben moi, la voiture de mon papa, elle est décapotable !
Ben moi, dans celle de mon papa, on peut monter jusqu'à 200 !
On doit être super serrés, alors !

Tu exagères, Toto, chaque fois que tu partages un gâteau avec ta petite sœur, tu gardes le plus gros morceau.
Comment ça ?
Mais c'est elle-même qui choisit !
Mais oui ! Je lui demande toujours : "Que préfères-tu, le plus petit morceau ou rien du tout ?"

Toto, qu'y a-t-il au-dessus du millilitre ?
Le centilitre !
Très bien, Toto. Et qu'y a-t-il au-dessus du centilitre ?
Le décilitre !
Super, Toto. Et qu'y a-t-il au-dessus du décilitre ?
Le litre !
Parfait ! Et au-dessus du litre ?
Euh... le bouchon ?

Bonjour mon garçon, comment t'appelles-tu ?
Toto.
DIRECTEUR
Apprends que lorsque tu me parles, tu dois dire "monsieur" !
Ah bon, très bien…
DIRECTEUR
Reprenons. Comment t'appelles-tu ?
Monsieur Toto !
DIRECTEUR

Papa, papa, j'ai vu une punaise dans ma tente ! C'est dégoûtant !
Voyons, Toto, ce n'est rien ! Ce n'est qu'une punaise.
J'ai bien vu que c'était une punaise ! Tu trouves que ce n'est rien ?
Mais non ! D'ailleurs, tu n'as pas à t'inquiéter, elle est morte.
ZZZZZZ ZZZZZZ
Tu sais papa, tu avais raison pour la punaise. Elle était bien morte. Mais qu'est-ce qu'il y avait comme monde à son enterrement !

Lundi
Vous avez de la tarte au concombre ?
Non, nous n'avons pas ça.
Mardi
Vous avez de la tarte au concombre ?
Non, nous n'avons pas ça, désolée.
Mercredi
Vous avez de la tarte au concombre ?
Non, toujours pas...
Jeudi
Vous avez de la tarte au concombre ?
Oui, j'en ai fait exprès pour toi, mon petit Toto.
C'est pas bon, hein ?

Que celui qui a l'impression d'être stupide par moments se lève !
Alors comme ça Toto, tu penses que, de temps en temps, tu peux être stupide ?
Non m'dame, mais ça me faisait de la peine de vous voir toute seule debout.

Ma tante fait un régime.
Ah, comme ma mère ! Et elle fait quoi, comme régime ?
Elle ne mange que des bananes et des noix de coco.
Et ça la fait vraiment maigrir ?
Non ! Mais tu verrais comme elle monte super bien aux arbres !

Toto, peux-tu me remplir la salière s'il te plaît ? Il n'y a plus de sel à l'intérieur !
Oui m'man !
sel
tic tac tic tac tic tac tic tac
Tu en as mis du temps !
Ben oui, c'est difficile de mettre du sel dans de si petits trous !

Alors qu'as-tu appris aujourd'hui ?
À dire poliment « oui, maman » et « oui, papa ».
Et tu as bien compris, Toto ?
Ouais, P'pa !

BOULANGERIE
Vous avez des bananes ?
Non, on n'a pas de bananes.
Vous avez des bananes ?
Non, on n'en a pas.
Vous avez des bananes ?
Tu es lourd ! Si tu me demandes encore si j'ai des bananes, je te scotche la bouche !
Vous avez du scotch ?
Non.
Vous avez des bananes ?

Je vais monter voir comment c'est au premier.
Dis donc, on a bien fait de se mettre en bas ! Là-haut, ils n'ont pas de chauffeur...

HÔPITAL
URGENCES
Docteur, mon fils vient d'avaler une pièce de 1 euro !
Ce n'est pas grave, madame.
C'est vous qui le dites ! Avec quoi vais-je acheter le pain maintenant ?

Bonjour, mon petit.
Bonjour, monsieur.
Qu'est-ce que tu pêches ici ?
Des crabes.
Et ça mord ?
Non, ça pince.

Les enfants, je vous donne un devoir où vous ne devez répondre que par « oui » ou par « non » à chaque question.
Que fais-tu, Toto ?
Je joue mes réponses. Si c'est face, c'est oui. Si c'est pile, c'est non.
Qu'est-ce que tu fais encore ?
Je vérifie mes réponses, monsieur !

Suivant.
Docteur, j'entends des voix !
Et qu'est-ce qu'elles te disent, ces voix ?
C'est ça, le problème… je suis dur d'oreille !

Mais enfin Toto ! On ne nettoie pas les carreaux avec son mouchoir !
Mais si, papa, c'est un mouchoir à carreaux !

Tu as bien travaillé à l'école, aujourd'hui ?
Oui, la maîtresse a été très contente de moi !
C'est bien, ça ! Mais comment le sais-tu ?
Elle a dit que j'en savais trop !
Elle a vraiment dit ça ?
Presque. Elle a dit exactement : « Mon Dieu, si j'avais trente élèves comme toi, je n'aurais plus qu'à quitter l'enseignement. »

Dring, dring.
Oui, c'est qui ? C'est pour quoi ?
Bonjour, c'est pour une quête pour les pauvres.
C'est bon, glissez l'argent sous la porte.

Les enfants, cette année, nous avons décidé avec maman de partir en vacances en pension complète !
C'est quoi la pension complète ?
La pension complète, c'est le top ! Nous allons dormir dans un hôtel où une dame viendra le matin refaire nos lits, faire le ménage, remettre des serviettes propres. Au restaurant de l'hôtel, on pourra prendre un copieux petit déjeuner, des cuisiniers nous prépareront notre déjeuner et notre dîner pendant que nous nous promènerons. C'est super, non ?
Quelque chose ne va pas ?
Oui, oui !
Non, non, c'est très bien, seulement, je me demande pourquoi on emmène maman, alors !

LIBRAI
Bonjour, je voudrais un livre !
De quel auteur, mon petit ?
Oh, euh, d'environ 15 cm.

Qui peut m'épeler « hier » ?
L-U...
Quoi ?
Bah oui, monsieur.
Hier, on était bien lundi,
non ?

Toto, ce n'est pas
bien de ramasser ce
qui est par terre.
Toto, aide-moi
à me relever,
voyons !
Papa m'a dit que
ce n'était pas bien
de ramasser les choses
par terre !

Qu'est-ce que tu as mon Toto ? Tu en fais une tête, tu as l'air tout triste !
Tu sais maman, mon copain Sébastien est à l'hôpital.
Oh, mais c'est horrible ! Je comprends ta peine.
Bah, oui. En plus, c'est horrible, il a des bêtes dans le ventre.
Ah bon !?
Oui, il a des lapindicites...

Dis-donc Toto ! Tu vas arrêter ? Ça te plairait si je faisais pipi contre les volets de ta maison ?
Oh, et ben oui, m'sieur ! Tout le quartier serait en admiration : j'habite au douzième étage !

Qu'est-ce que tu fais, maman ?
Je me mets de la crème pour paraître plus belle, mon chéri.
Qu'est-ce qui se passe ? Tu abandonnes ?

Les enfants, qui peut me raconter maintenant une histoire avec une morale ?
Oui, Toto ?
C'est Batman qui se promène la nuit, et il se fait attaquer par trois ninjas. Il leur donne une sacrée raclée !
Continue...
Ensuite, rentré à la maison, il tombe sur Robin qui a abîmé la Batmobile au garage, alors Batman lui fiche une gifle !
Mais enfin Toto, ce n'est pas une histoire à morale, ça !
Si madame ! La morale de l'histoire, c'est qu'il faut pas embêter Batman !

Dis-moi mon chéri, as-tu écrit au père Noël ?
Que lui as-tu demandé ?
Oui, papa.
De passer plus souvent !

Je voudrais un truc qui fasse pousser les cheveux !
Tiens, prends ça, mon garçon, il n'y a rien de mieux...
Vous êtes sûr ?
CAISSE
Tu vois le monsieur qui est à la caisse, avec une moustache ?
Oui !
CAISSE
Eh bien, c'est ma femme ! Ça lui est arrivé en débouchant un flacon de ce produit avec les dents.

Venez les enfants, je vais vous poser des questions et celui qui répond correctement aura ce jouet.
Qui est le plus obéissant ? Qui n'a jamais été insolent avec maman, qui fait tout ce qu'elle demande ?
Bon, on a compris, tu peux garder le jouet, papa.

Qu'est-ce qu'il y a Toto, ton château n'est pas beau ?
Si, mais j'ai oublié de mettre une porte, je ne peux plus sortir !

Toto, si tu as 3 lapins et encore 3 lapins, combien en as-tu ?
Euh... 7 !
Non Toto, on recommence.
Si tu as 3 pommes et encore 3 pommes, combien en as-tu ?
Euh... 6 !
Très bien Toto, tu vois que tu sais compter. Mais pourquoi avec les lapins tu me réponds «7» ?
Ben parce que j'en ai déjà un à la maison.

Mais... Qu'est-ce que tu fais, Toto ?
Je réchauffe mon thermomètre, maman, il a tellement froid !

Qui c'est, la dame en blanc ?
La mariée.
Pourquoi est-elle tout en blanc ?
Parce qu'elle est heureuse, et que le blanc est la couleur du bonheur.
Alors, pourquoi le marié est en noir ?

Il est fort ce conducteur !
Pourquoi ?
Je ne sais pas comment il fait pour viser les tunnels, mais il ne les rate jamais !

Papa, je peux te dire quelque chose ?
Quand on sera en haut.
Et maintenant ?
Tout à l'heure.
Voilà, on y est, que voulais-tu me dire ?
J'ai oublié mon sac en bas...

Cite-moi une invention de la Préhistoire.
Euh... le téléphone portable !
Mais Toto, il y a très peu de temps qu'on l'a découvert...
Tu m'étonnes ! Il était hyper bien caché !

Toto, si tu écrases le pied d'une vieille dame sans faire attention, qu'est-ce que tu dis ?
Pardon, madame.
Bien. Et si, pour te remercier de ta politesse, la dame t'offre 2 euros, qu'est-ce que tu fais ?
Je lui marche sur l'autre pied !

Ah que c'est moche !
C'est du Picasso, Toto!
Ah mais là c'est vraiment très moche !
Mais enfin, c'est un miroir Toto !

Mais enfin, où étais-tu passé ?
Il y avait un monsieur qui avait perdu un billet de 50 euros.
Et tu l'as aidé à le retrouver ?
Non ! Mais j'ai dû attendre qu'il parte pour enlever mon pied du billet !

Toto, suppose que, devant toi, tu aies le nord. Qu'as-tu à ta droite ?
L'est.
Bien. Et à ta gauche ?
L'ouest.
Parfait. Et derrière toi ?
Un trou à mon pantalon. J'avais bien dit à maman que vous le verriez tout de suite !

Je vais acheter 10 kilos de bonbons !
Cool ! Et tu m'invites ?
Pas de problème, tu pourras me regarder les manger !

Salut, Alexandre.
Salut, Toto.
Tu ne pourrais pas me prêter 40 euros ?
Je n'ai que 30 euros sur moi !
Ce n'est pas grave, tu m'en devras encore 10 !

Un jour, tu seras facteur, comme moi.
Ah, non !
Pourquoi non ?
Je préfère être père Noël.
Quelle étrange idée, et pourquoi ?
Il n'a qu'une tournée à faire par an !

Maman, maman !
Oui, Toto…
Je suis très content de ce que j'ai appris à l'école aujourd'hui, cela va me servir…
Ah oui ? Qu'as-tu donc appris, Toto ?
Ben qu'on ne doit pas dire « la maîtresse d'école » mais « l'institutrice prend l'avion »…

Qui peut deviner mon âge ?
Vas-y, Toto, nous t'écoutons.
Alors, maîtresse, je pense que vous avez 32 ans.
Bravo ! Comment as-tu fait ?
Ben, c'est facile. Ma grande sœur a 16 ans et mon père n'arrête pas de dire qu'elle est à moitié folle.

Combien de temps met le train pour aller de Paris jusqu'à Lyon ?
Deux secondes, s'il te plaît...
Il est rapide, dites donc, le train !

Je voudrais cet avion, s'il vous plaît.
JOUETS
Mais ton billet n'est pas un vrai !
Ben oui, mais votre avion non plus.

BILLETS
Monsieur, monsieur ! Vous avez le même code confidentiel que mon père !
Ah bon ? Mais c'est impossible !
Mais si, c'est le même. Nous aussi, on a quatre étoiles !

Papa, j'ai un truc super important à te dire !
Oui, Toto. Je t'écoute.
Tu sais papa, je suis le premier de la classe !
Avec les notes que tu as ?
Oui, tous les matins, j'arrive 10 minutes avant tout le monde !

GALERIE FARFOUILLETT
Je vais m'acheter un chapeau.
C'est incroyable, il n'y en a pas un à ma taille !
C'est normal, tu es au rayon des abat-jour !

Qu'est-ce qu'on fait là-dedans ?
On taille les barbes et les moustaches.
BARBIE
Qu'est-ce qu'on fait là-dedans ?
On lave ses affaires quand on n'a pas de lave-linge.
LAVERIE
Qu'est-ce qu'on fait là-dedans ?
On rend la justice !
PALAIS DE JUSTICE
Ah ? Pourquoi ? C'est toi qui l'as volée ?
PALAIS DE JUSTICE

Il faut que tu signes le chèque, mon petit.
Mais je ne l'ai jamais fait. Il faut signer comment, monsieur ?
Comme tu signes, d'habitude !
BN BLAGUES
20€
ton toto adoré

Toto, reste tranquille, sinon le petit Jésus va se fâcher !
Il est où le petit Jésus ?
Au ciel.
C'est bon, alors. Il y a un plafond, il ne me verra pas !

Y a quelqu'un ?
Ouais ! Qui est là ?
Je suis un promeneur égaré. Pourriez-vous me dire comment on fait pour redescendre dans la vallée ?
Aucune idée ! Et je ne peux pas ouvrir...
Alors, demande donc à ton père...
Je ne peux pas. Il est sorti quand maman est rentrée.
Bah, demande à ta mère alors.
Maman est sortie quand grand-père est rentré.
Punaise ! Bon demande à ton grand-père de venir alors.
C'est pas possible. Il est sorti quand mon grand frère est rentré.
Bon ! Appelle ton grand frère.
Bah, il est sorti quand je suis rentré.
Bon sang... Vous n'êtes jamais en famille chez vous ?
Ben si, à la maison mais pas ici ! Ici, c'est les toilettes !

Toto va avoir une petite sœur.
Comment va-t-on l'appeler, Toto ?
Poildesouris !
Toto ! On ne peut pas l'appeler Poildesouris !
Ben, notre cousine s'appelle bien Barbara !

540 € pour une dent enlevée à mon fils, mais il est vraiment très cher, ce dentiste !
BIP BIP
Mais vous êtes fou, Docteur de me facturer ce tarif-là ?
Mais non, madame, je vais tout vous expliquer. J'ai perdu beaucoup d'argent. Votre fils a tellement hurlé que les cinq personnes qui attendaient leur tour ont fui !

CLAP
CLAP
CLAP
CLAP
CLAP
Toto, Julien, vous êtes vraiment pénibles. Quand je frappe des mains, vous savez que c'est la fin de la récréation. Alors, dites-moi ce que vous devez faire ?
Nous ranger.
Si vous le savez, pourquoi vous ne le faites pas ?
Ben, c'est qu'on n'a pas fini de jouer ! En classe, tu nous dis toujours qu'on doit terminer avant de sortir en récréation. Alors, pourquoi on ne peut pas finir notre jeu quand on est en récréation ?

Fais dodo, Toto, mon p'tit frère, fais dodo, t'auras du lolo.
Maman est en haut, qui fait du gâteau. Papa est en bas, qui fait du chocolat. Fais dodo...
Maman, je peux m'endormir ou tu veux encore chanter ?

Bonjour, monsieur, je voudrais la chanson « mambos »...
Des « mambos », il y en a beaucoup ! Si tu connaissais les paroles, ça m'aiderait un peu.
Ah, facile, je vais vous la chanter : « Mambo sapin, roi des forêts » !

Docteur, vous voyez, quand je touche ici, ça me fait mal.
Quand je touche ici, ça fait mal.
Quand je touche ici, ça me fait mal.
Quand je touche ici, ça me fait mal.
Et ici ?
Non, je ne sens rien !
Allons faire une radio ! Tu as sûrement une fracture de l'index !

Cette peinture a trois cents ans et vingt jours !
Quelle précision, Toto. Comment le sais-tu ?
Facile ! Je suis venu ici avec l'école il y a vingt jours et le guide nous a dit que cette peinture avait trois cents ans !

J'ai été collé par le professeur.
Qu'est-ce que tu as fait encore ?
Je répondais mal à ses questions.
C'est pour ça qu'il t'a collé ?
Euh, non. Je répondais mal et ensuite, il a pointé sa règle vers moi. Il a dit : « Au bout de cette règle, il y a un imbécile ! »
Et alors ?
Euh, je lui ai demandé de quel bout il parlait...

Bon anniversaire, Toto !
Bon anniversaire, Toto !
Sans les mains !
CLAP CLAP CLAP CLAP
Sans les pieds !
CLAP CLAP CLAP CLAP CLAP
Fens les dents.
CROUIC CROUIC

Toto passe une visite médicale.

Les parents de Toto veulent lui acheter un nouveau lit.

On sonne à la porte, et c'est Toto qui ouvre. C'est un représentant en aspirateurs.

Toto se rend alors dans la cuisine, revient avec du sel, du poivre, de la vinaigrette et assaisonne les déchets.

Merci, Martin. Un autre devoir non fait et le prof convoquait mes parents !
Ouais, je n'aime pas bien ça, j'espère que tu n'as pas copié mot à mot ?
Tu peux être sûr que j'ai tout copié à la perfection ! Et quand je dis tout, c'est tout !
Toto, comment ça se fait que je n'ai pas ton devoir et que j'en ai deux au nom de Martin ?

Quand vous lui tirez la patte gauche, il chante en anglais. Et si vous lui tirez la patte droite, il chante en français !
Et si je lui tire les deux en même temps ?
Je me casse la figure !

Dis-moi mon garçon, as-tu une autorisation pour jouer de l'harmonica ici ?
Non, monsieur l'agent...
Alors, tu vas m'accompagner, s'il te plaît !
Bien sûr, monsieur l'agent, que voulez-vous chanter ?

Toto a été puni par la maîtresse parce qu'il disait des gros mots. Le soir, sa maman le gronde.
Va chez l'épicier m'acheter un pot de confiture, il n'y en a plus.
Un pot de « fiture », s'il vous plaît.
Désolé petit, mais je n'ai pas ça.
PROMO
L'épicier n'a pas de « fiture ».
Confiture, Toto, on dit CON-fiture.
Mais il y a un gros mot dedans !

Maman ! Maman !
Oui, Toto ?
Qu'est-ce qu'on fait d'une voiture quand elle est usée et qu'elle est en trop mauvais état pour faire de la route ?
Facile, Toto, on la vend à papa !

Maxime, est-ce que tu aimerais aller sur la lune ?
Oh, oui, maîtresse, ce serait super.
Et toi, Toto, veux-tu aller sur la lune ?
Non, pas moi, madame.
Et pourquoi tu ne veux pas y aller, Toto ?
Parce que ma mère m'a dit : « Dès que la classe est finie, tu rentres vite à la maison ! »

Justine, combien font 3 x 3 ?
456!
Pas du tout, retourne t'asseoir. À toi, Aurélien.
Euh... lundi ?
Vous le faites exprès ? Retourne à ta place.
Toto ?
Cela fait neuf.
Bravo Toto ! Comment as-tu fait pour trouver ?
C'est simple, j'ai divisé 456 par lundi !

Vous savez pourquoi les Indiens d'Amérique se baladent tout nus ?
Parce qu'il fait chaud ?
Non...
Parce que c'est la mode ?
Non, parce que Christophe Colomb les a découverts !

58 rue Jean Bleuzen - 92178 Vanves Cedex
Dépôt légal : octobre 2018 - Édition 01.
Imprimé en Espagne par Macrolibros. Achevé d'imprimer en octobre 2018.
Loi n° 49-956 du 16 juillet 1949 sur les publications destinées à la jeunesse.

Pour encore plus de fous rires, découvre aussi...

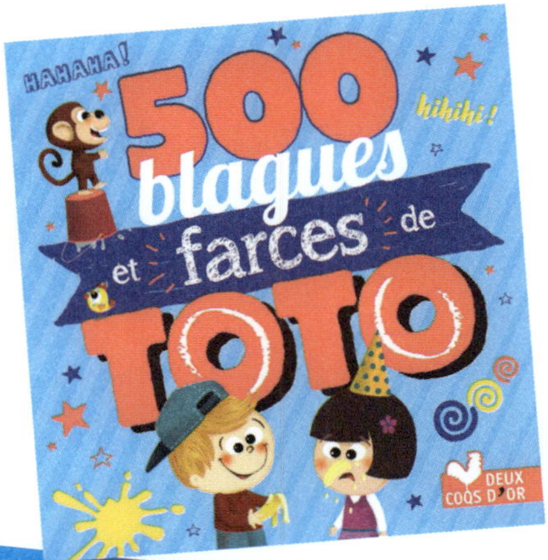

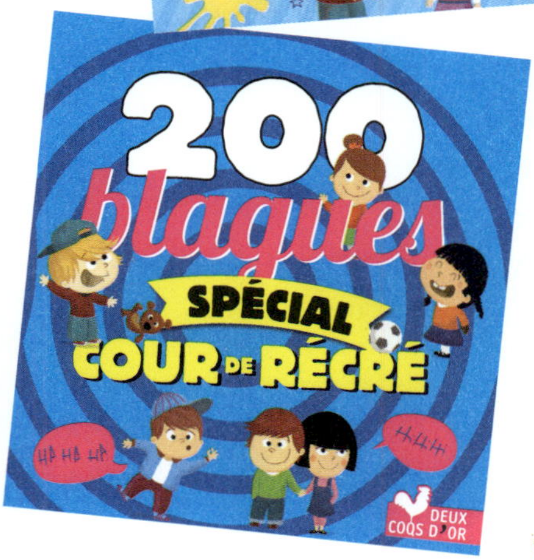

HAHAHA !